本项目是山东建筑大学博士基金项目
"中国梦的生态维度及目标研究"阶段性成果

高兹生态政治思想研究

Research on Gorz's
Ecological Political Thought

Andre
Gorz

梁飞 — 著

图书在版编目（ＣＩＰ）数据

高兹生态政治思想研究 / 梁飞著. –– 天津：天津
人民出版社, 2022.10
ISBN 978-7-201-18829-4

Ⅰ.①高… Ⅱ.①梁… Ⅲ.①安德列·高兹—哲学思
想—研究②生态环境—政治理论—研究 Ⅳ.①B565.59
②D0-05

中国版本图书馆 CIP 数据核字(2022)第 186404 号

高兹生态政治思想研究
GAOZI SHENGTAI ZHENGZHI SIXIANG YANJIU

出　　版	天津人民出版社
出 版 人	刘　庆
地　　址	天津市和平区西康路35号康岳大厦
邮政编码	300051
邮购电话	（022）23332469
电子信箱	reader@tjrmcbs.com

责任编辑	郑　玥
特约编辑	王　玏
装帧设计	汤　磊

印　　刷	天津新华印务有限公司
经　　销	新华书店
开　　本	710毫米×1000毫米　1/16
印　　张	12.5
插　　页	2
字　　数	180千字
版次印次	2022年10月第1版　2022年10月第1次印刷
定　　价	78.00元

前　言

随着人类社会从农业文明进入工业文明，工业文明的极大发展给人类赖以生存和发展的自然生态环境带来了空前的毁坏。工业化的全球扩张，使生态环境问题日益凸显，成为世界性问题。生态环境的恶化威胁着人类的生存和发展，也迫使人们开始求解生态环境问题的思路和方法。随着对生态环境问题探索和认识的不断加深，越来越多的理论家尝试从政治的视角来寻求解决生态环境问题，生态政治思想应运而生。

现代生态政治思想最早起源于西方，主要原因是环境问题最早在西方出现。现代生态政治思想提出，生态环境是人类赖以生存和发展的基础和前提，生态环境问题日益成为现代政治中不可或缺的重要议题。生态问题产生、发展与治理和人类社会政治制度密切相关，人类政治本身必须为合理解决生态环境问题而改变。现在生态政治思想方兴未艾，各种理论正在不断涌现，形成了观点各异的思潮和流派。目前，主要由有两种生态政治思想影响较大：其一，是以环境主义为基础，完善资本主义制度的生态政治思想；其二，是以建立生态社会主义为目标的生态政治思想。二者在对生态问题产生的根源、应对生态环境问题的解决方案和路径，以及未来建设什么样的生态政治社会,都存在着本质的区别。

高兹(Andre Gorz,1924—2007年)作为法国当代左翼思想家,从生态政治的视角深刻地批判了资本主义制度,在全面批判资本主义的过程中,形成了独特的以建立"先进社会主义"为目标的生态政治思想。本研究通过对高兹生态政治思想发展历程和理论渊源的考察,阐释其生态政治思想的主要内容和理论体系,从而达到对其生态政治思想的全面科学把握。

高兹生态政治思想的形成有其特有的理论渊源。高兹作为一名自学成才的法国思想家,其思想受哲学家萨特的影响最大。萨特的存在主义、存在主义的马克思主义思想均是高兹生态政治思想的重要来源。同时高兹作为萨特的学生,在萨特转向用存在主义补充马克思主义之后,高兹也深受马克思主义思想的影响,特别是马克思主义的政治经济学和科学社会主义思想。西方马克思主义,特别是法兰克福学派的思想,以及欧洲当代的保护环境的生态运动和欧洲绿党的思想,都对高兹生态政治思想的形成产生了重要影响。高兹生态政治思想是在深刻批判资本主义制度、反思传统社会主义,以及构思先进社会主义的过程中,不断提出和形成的。

对资本主义制度的生态政治批判。马克思主义告诉我们,生态问题表面是自然界出现了问题,实质是想支配并驾驭自然的人和人类社会出现的问题。因此,解决生态问题,必须改变人类的政治特别是政治制度。高兹深刻地揭示了资本主义的生态问题是资本主义政治制度造成的,主导资本主义社会的经济理性最终导致了生态问题的出现。高兹创造性地提出了生态理性的概念,并对经济理性给予了全面而深刻的批判。推行资本主义的经济理性必然出现生态危机,而要消除生态危机必须摒弃经济理性、实现生态理性。由于资本主义制度的私有制本性决定了不可能实现生态理性,而要实现生态理性必然需要推翻资本主义制度,实现社会主义制度。只有在以公有制为基础的社会主义制度中才能发展生态理性,从根本上消除生态危机。同时高兹还深刻批判了资本主义制度所使用的科学技术，尖锐地指出了在资本主义制度之下，核电技术和汽车大众化带来的危害和对人与社会的异化；另外还批判了资本主义制度主导下的资本主义医疗、劳动分工和教育。高兹从生态政治的视角出发，深刻揭示了资本主义社会的局限性，提出只有根本改变资本主义制度才能彻底解决资本主义的生态危机和社会危机。虽然高兹提出的这些批判思想在当下并不能对现实的资本主义制度构成实质性的解构，但在理论上其对资本主义政治和经济制度的批判是非常深刻的，对资本主义制度的挑战是毋庸置疑的。

对传统的社会主义的生态政治反思。高兹不仅全面批判了资本主义制度，还对传统苏联模式的社会主义给予了严厉的批评。高兹指出，苏联的社会主义并不是真正的社会主义，因为它依然推行经济理性，这样的社会主义还不如资本主义。高兹虽然提出社会主义并没有失败，社会主义作为对资本主义的否定而存在，社会主义不会消亡，但高兹提出"科学的社会主义"在现代已失去了意义，因为工人阶级不再是革命的阶级，在新的历史时期革命的主体是"非工人的非阶级"。高兹针对科学社会主义面临新的发展问题，提出"科学的社会主义"在现代已失去了意义，这一观点背离了马克思主义，是错误的。

对未来社会的生态政治构想。高兹在全面批判资本主义和反思传统社会主义基础上，提出了构建未来先进社会主义的设想。高兹依据其生态政治思想，提出要想从根本上保护生态环境，实现人类社会的永续发展，必须建设一个科学的生态政治社会，"先进的社会主义"。先进的社会主义是由生态理性主导的社会，整个社会使用的技术是生态性和分散性的技术；生产生活依据的原则是"更少地生产，更好地生活"，全社会彻底摒弃了资本主义的生产观和消费观，从而根本上改变了人类社会的生产方式和生活方式。高兹指出先进的社会主义是实现了每个人能自由发展的自由自决的社会。高兹同

3

时还提出了实现先进社会主义的多元化经济、文化、政治和运动策略。

　　高兹生态政治思想从生态学的视角，对现代资本主义全面批判和对传统苏联模式的社会主义深刻反思的逻辑是内在一致的，其积极探索并提出的关于人类社会发展的美好愿景，具有一定的魅力和可及性。高兹在对现实资本主义生态问题的深邃思考的基础上，构思了如何建设先进社会主义制度，同时还提出了从现实资本主义社会到未来先进社会主义转型和变革的策略。这是对马克思主义经典作家所提出的共产主义科学构想的进一步丰富和发展。高兹提出进行生态重建的最佳选择是先进的社会主义。建设先进的社会主义的相关设想在具体策略是采用"分散型"技术，"生产得更少、生活得更好"的生活方式，消除付薪劳动模式，促进个人的自我实现等。高兹提出的这些具有创新性的合理设想，对解决资本主义的生态问题具有一定的现实意义。但高兹关于未来社会的科学想象，仍具有一定的空想色彩，特别是在社会主义实现的路径选择上并没有摆脱乌托邦的窠臼。高兹的设想由于时代的局限，并没有经过社会实践的充分检验，必然带有乌托邦的色彩，但对我们克服和解决当下面临的生态问题具有重要的启示。

　　党的十九大报告指出："中国特色社会主义进入新时代，我国社会主要矛盾已转化为人民日益增长的美好生活需要和不平衡不充分发展之间的矛盾。人民美好生活需要日益广泛，不仅对物质文化提出了更高的要求，而且在民主、法治、公平、正义、安全、环境等方面的需求日益增长。"[1]

　　高兹生态政治思想，对我们在新的历史时期建设社会主义生态文明，发展生态经济、生态政治、生态文化和生态社会，实现经济建设、政治建设、文化建设、社会建设、生态文明建设的全面协调可持续发展，具有重要的借鉴意义。

---

　　[1]　习近平：《决胜全面建成小康社会夺取新时代中国特色社会主义伟大胜利——在中国共产党第十九次代表大会上的报告》，人民出版社，2017年，第11页。

目　录

导　论

一、研究缘起

生态环境是人类生存的根基。随着人类社会的不断发展,进入工业化时期以来,生态问题日益凸显。我们日益感受到生态问题已经不再是一个可以忽略、敷衍或延后的问题了。目前,全球各类生态事件和生态灾难频仍,生态与人类命运息息相关不断得到验证。随着生产力的日益发展,社会的不断进步,人们一直在探寻生态问题的解决之道,生态问题也越来越演变成为一个政治问题,推动着生态和政治日益结合,促使了生态政治思想的产生和发展。

尽管生态与政治的关联古已有之,不仅古代中国有"天人合一"的思想,而且在西方如柏拉图、亚里士多德和孟德斯鸠等许多著名的思想家也有相关的论述,但都未把生态与政治紧密结合在一起进行研究,更没有在现实实践中产生过生态政治组织或生态政治运动。这主要是因为当时还处在农业文明时代,生产发展水平低,人类对大自然的开采和利用还处于低级发展阶段,人与自然在实然上还属于"天人合一"的关系,生态平衡没有打破,生态问题并不明显。

现代生态运动发端于西方。随着人类科学技术的不断进步和社会生产力的不断发展,西方社会最早从农业社会转入工业社会,从农业文明进入工业文明。这时,人类活动的广度、深度和力度空前绝后,同时也使人与自然的关系日益紧张。工业文明以来,人类理性活动的非理性扩张致使生态环境问题凸显,局部地区的生态承载能力趋于极限,生态失衡日益严重。20世纪中叶是西方国家生态环境急剧恶化的时期,各类的生态事件直接或间接导致了大量无辜人群无尽的苦痛和莫名的疾病与死亡。马克思深刻指出:"技术的胜利,似乎是以道德的败坏为代价换来的。"①1962年,美国生物学家蕾切尔·卡逊的著作《寂静的春天》问世,标志着人类首次关注环境问题。该书以无可辩驳的事实揭示了农药污染对包括人类在内的自然生态环境中一切生命有机体的严重危害,描述了化工污染导致的令人触目惊心的恶果。"人类好像在一夜之间突然发现自己正面临着史无前例的大量危机。"②《寂静的春天》的出版,强烈震撼了西方社会的各界民众。为了寻回和保护美好的生态环境,为了捍卫自身的生存和发展,西方各界群众涌上街头游行示威抗议,愤怒地声讨破坏生态环境追求暴利的资本家,强烈要求政府保护生态环境、维护大众利益。从此西方社会的生态运动此起彼伏,风起云涌,不仅有具体的街头行动,而且更加注重理论的建立和研讨。西方的生态政治运动具有日益强大的影响力,如今已改变了西方社会的政治结构,如环境保护部门已成为西方政府中的常设机构、绿党成为西方政治社会重要的政治力量。

当人们意识到现代工业文明会带来生态危机、严重威胁人类的生存和

---

① 《马克思恩格斯选集》(第一卷),人民出版社,1995年,第775页。
② [美]M.梅萨维洛克等:《人类处在转折点上》,刘长毅等译,中国和平出版社,1987年,第36页。

发展之时,反思人类社会的发展方式,重新思考人与自然、人与社会的关系,构建人类社会永续发展模式的生态政治思想便应运而生。生态政治,主要是指以生态环境为中介,研究并构建人与自然、人与人的和谐关系,实现人类社会永续发展的政治理论。

在西方,"在生态运动的'绿色'旗帜下,聚集着形形色色的思潮和流派。这些思潮和流派大致可以分为'绿绿派'(Green-greens)和'红绿派'(Red-greens)两大阵营"①。其中有生态原教旨主义者(ecofundamentalisim)、主流绿党、一些社会主义者、生态无政府主义者和马克思主义者等。各派在对现代社会生态问题的出现、生态危机的根源认识上和克服生态危机、应对生态重建的对策等问题上都存在巨大的分歧。一些西方的思想家,"比较自觉地运用马克思主义的观点和方法,去分析当代资本主义的环境退化和生态危机,以及探讨解决危机的途径。尽管在严格的意义上,他们运用的不是传统意义上的马克思主义的观点和方法,而是西方马克思主义的观点和方法,但他们毕竟公开地明确地自称是'马克思主义者'"②。如:本·阿格尔(Ben Agger)、威廉·莱易斯(William Leiss)、乔治·拉比卡(G·Labica)、大卫·佩珀(David Pepper)等。

高兹(Andre Gorz)作为法国当代左翼生态政治思想家,是其中的典型代表。高兹对现代资本主义社会批判最为系统和尖锐。其从生态政治的视角,在批判资本主义制度、反思传统社会主义以及设想先进社会主义的过程中提出自己的生态政治思想。高兹关于建立先进社会主义的设想,虽具有乌托邦的色彩,但对我们克服和解决当下面临的生态问题具有重要的启示。

目前,我国已经成为世界第二大经济体。但我们在实现经济高速发展的

---

① 俞吾金、陈学明:《国外马克思主义哲学流派新编》(西方马克思主义卷,下册),复旦大学出版社 2002 年,第 573 页。

② 同上,第 575 页。

同时,也对生态环境造成了严重的毁坏。我国第一部环境绿皮书《2005 年:中国的环境危局与突围》深刻揭示了这一现状,我们的生态环境进入了生态事件多发、高发的危险状态, 我国已耗尽支持粗放式经济发展的生态环境容量,主要表现在:生态植被减少和功能退化、土地资源严重流失、水污染和水短缺、空气污染加重雾霾天气增多、自然灾害频发、生物多样性严重损坏等方面。我们的经济社会发展日益面临生态环境的制约和瓶颈。我国生态环境问题的出现,从表面上看是人口基数过大、人均资源少、环境保护法律不健全不完善,从深层次上看却是一个发展理念问题和现实政治问题。"只有一个真正建立在民主管理和公有制基础上的社会, 不是为了利润而是为了使用而生产的社会,才会为人类提供一个实现生态环境和谐的框架。"①

党的十七大报告指出:"建设生态文明, 基本形成节约能源资源和保护生态环境的产业结构、增长方式、消费模式。循环经济形成较大规模,可再生能源比重显著上升。主要污染物排放得到有效控制, 生态环境质量明显改善。"②生态文明作为关系社会发展全局的重要战略任务第一次在党的报告中被鲜明提出。生态文明建设已逐步成为中国特色社会主义建设不可或缺的重要组成部分。党的十八大报告深刻指出:"全面落实经济建设、政治建设、文化建设、社会建设、生态文明建设五位一体总体布局。"③党的十九大报告进一步强调:"坚持人与自然和谐共生。建设生态文明是中华民族永续发展的千年大计。必须树立和践行绿水青山就是金山银山的理念,坚持节约资源和保护环境的基本国策,像对待生命一样对待生态环境,统筹山水林田湖草系统治理,实行最严格的生态环境保护制度,形成绿色发展方式和生活方

① David Pepper, Eco-socialism:From Deep Ecology to Social Justice, Routledge, 1993, p.219.
② 胡锦涛:《高举中国特色社会主义伟大旗帜 为夺取全面建设小康社会新胜利而奋斗——在中国共产党第十七次全国代表大会上的报告》,北京人民出版社,2007 年,第 20 页。
③ 本书编写组:《十八大报告学习辅导百问》,学习出版社、党建读物出版社,2012 年,第 8 页。

式,坚定走生产发展、生活富裕、生态良好的文明发展道路,建设美丽中国,为人民创造良好生产生活环境,为全球生态安全作出贡献。"①

目前,生态文明建设已成为全社会的共识,习近平总书记强调:"我们要建设的现代化是人与自然和谐共生的现代化,既要创造更多物质财富和精神财富以满足人民日益增长的美好生活需要,也要提供更多优质生态产品以满足人民日益增长的优美生态环境需要。"②

生态文明建设不是一蹴而就的,面临新时代人民群众对美好生活生态维度的新期待,生态文明建设任重而道远。面临新时代生态文明建设新任务,需要我们在全社会积极构建和牢固树立生态文明发展观,推动形成具有绿色发展底蕴的现代化发展新格局。高兹生态政治思想就如何建设生态文明、建成什么样的生态文明的深入探讨和美好设想,为我们审视我国目前的生态文明建设和发展提供了一种新的理论视角,对新时代建设中国特色社会主义生态文明具有重要的参考价值。

二、研究对象

明确研究对象是研究的前提。本书的研究对象是高兹生态政治思想。本书主要围绕这一研究对象展开论述,从内容与逻辑方面来考察,认真研究高兹生态政治思想的理论来源、主要内容、当代价值及其对新时代中国特色社会主义生态文明建设的启示。

高兹作为法国当代左翼生态政治思想家,其从生态政治的视角对当代资本主义社会批判最为系统和尖锐,在深刻批判资本主义社会和反思传统

---

① 习近平:《决胜全面建成小康社会 夺取新时代中国特色社会主义伟大胜利——在中国共产党第十九次代表大会上的报告》,人民出版社,2017年,第23~24页。

② 同上,第50页。

社会主义的基础上,提出了超越资本主义社会和建设先进社会主义社会的构想。

首先,认真分析高兹生态政治思想的思想来源是本研究的起锚地。任何思想都不是凭空而来的。梳理高兹生态政治思想的思想来源是深刻理解和把握其生态政治思想的重要基础。目前,已发表的关于高兹研究的论文数量与日俱增,很多研究者主要是从高兹思想的某一部分作为其研究的主要内容。而对高兹其他不同时期的理论关注不多,特别是其理论基础、贯穿高兹全部思想基调的有关其初期的哲学思想的理论来源都没有进行科学的考察和分析,"这不仅是高兹思想研究本身的一个空白点,并且也致使对高兹相关思想研究出现肤浅化、标签化倾向"①。高兹是一个"由红转绿"的思想家,因此,我们要充分把握其生态政治思想,必须了解其早期思想及其思想发展的脉络和历程。

其次,高兹生态政治思想的主要内容是本研究的主体部分。高兹指出,资本主义的经济理性与生态理性的矛盾是不可调和的。他在批判资本主义经济理性局限性和对传统苏联模式社会主义反思的基础上,提出了关于构建生态社会主义的设想。高兹提出,社会主义作为资本主义的积极否定,是限制经济理性、符合生态理性的社会;苏联模式的社会主义并不是真正的社会主义;当代资本主义发生了新变化,工人阶级不再是社会主义革命的主体;社会主义应是废弃"付薪工作"并使工作得到解放的个人自由自决的社会。因此,高兹生态政治思想的主要内容由对资本主义制度的生态政治批判、对传统社会主义的生态政治反思和对未来社会的生态政治构想三个部分组成。高兹生态政治思想是高兹思想的一部分并不是其思想的全部,本研

---

① 汤建龙:《高兹早期哲学思想的显性理论支源和思想渊源》,《江海学刊》,2009 年第 6 期。

究主要是全面把握和深刻阐明高兹生态政治思想的主要内容及其形成的过程。

最后，全面评价高兹生态政治思想，深刻挖掘高兹生态政治思想的当代价值及其对新时代中国特色社会主义生态文明建设的启示，是本研究的落脚点。面对整个世界，"资本主义世界体制正在历史地走向崩溃。它已经成为一个难以适应现实的帝国，它的庞大规模暴露了其潜在的弱点。借用生态学的语言，它是不可持续的，因此必须被根本性改变或替代，如果我们还想追求一个值得生活的未来的话"[①]。随着我国七十多年来建设和发展，特别是改革开放四十多年来的飞速发展，我国取得了史无前例的巨大发展成就，成为世界第二大经济体。党和政府一直重视保护环境，投入了巨大的人力、物力和财力，大力发展环境保护事业，取得了卓有成效的进展，对生态环境问题起到一定的遏制作用，但问题依旧存在，已成为制约我国经济和社会发展的突出问题。党的十七大报告已提出了建设"生态文明"的目标，党的十八大进一步提出了"努力走向社会主义文明新时代"，中国特色社会主义必将是一个生态文明的社会。习近平总书记在党的十九大报告中指出："坚持人与自然和谐共生。建设生态文明是中华民族永续发展的千年大计。必须树立和践行绿水青山就是金山银山的理念，坚持节约资源和保护环境的基本国策，像对待生命一样对待生态环境，统筹山水林田湖草系统治理，实行最严格的生态环境保护制度，形成绿色发展方式和生活方式，坚定走生产发展、生活富裕、生态良好的文明发展道路，建设美丽中国，为人民创造良好生产生活环境，为全球生态安全作出贡献。"[②]

① 郇庆治主编：《重建现代政治文明的根基——生态社会主义研究》，北京大学出版社，2010年，第303页。

② 习近平：《决胜全面建成小康社会 夺取新时代中国特色社会主义伟大胜利——在中国共产党第十九次代表大会上的报告》，人民出版社，2017年，第23~24页。

"马克思主义要发展,社会主义理论要发展,要随着人类社会实践的发展和科学的发展而向前发展。"①在新的历史时期,我们建设中国特色社会主义必须借鉴人类社会的一切文明成果。高兹生态政治思想,对我们多维、全面地认识全球环境问题和建设生态文明社会具有重要价值,对新时代中国特色社会主义构建生态文明发展新格局具有重要借鉴。我们必须正确分析并科学评价高兹生态政治思想,同时结合现实和实践特别是新时代中国特色社会主义生态文明建设中存在的问题,深刻挖掘高兹生态政治思想的当代价值及其对新时代中国特色社会主义生态文明建设的启示。

三、研究范畴

研究高兹生态政治思想,必须明确本书中"生态政治"概念的科学含义,准确并完整地理解生态政治范畴的内涵是进一步研究的基础。

生态政治思想,是当代人们在认识到人类生存面临生态问题背景下,尝试把生态与政治有机结合起来,形成一种全新生态政治思维,从而来解决人类面临生态威胁下的生存和发展问题。生态效益是生态政治的核心价值,追求人与自然、人与人、人与社会的和谐统一,并依此来评价和管束人类社会活动,符合生态理性,从而实现人类社会的永续发展。生态政治思想,一般是把自然、社会和政治看作一个密切联系的生态系统,人类的政治利益必须以生态利益为前提和基础。由于生态问题的复杂性,生态政治思想需要多学科理论的交叉和协同,当前生态政治思想的发展还不能有效满足解决现实生态问题的需要,"生态政治学作为一门独立学科远未成熟,从研究对象到研究方法都需要作深入的研究"②。

---

① 《邓小平文选》(第三卷),人民出版社,1993年,第42页。
② [英]安德鲁·多布森:《绿色政治思想》,郇庆治译,山东大学出版社,2012年,第2页。

关于生态政治的研究,西方国家有三个层次:绿党、生态运动组织和生态政治思想,观点各有侧重和不同。生态政治概念是西方学界最早提出的,大体可分为"理论萌生、理论初创、理论深化"[①]三个发展阶段。

第一,生态政治思想的萌生阶段。从20世纪60年代开始,随着西方社会工业化空前发展,生态问题成为西方学界广泛关心议题之一。一开始,仅仅局限于具体的生态问题,如环境污染事故、农药残留、反对设立核电站等。其理论来源主要是传统政治学的理论。随着,美国生物学家蕾切尔·卡逊的著作《寂静的春天》的问世以及赫伯特·马尔库塞的《单向度的人》和尤尔根·哈贝马斯《走向理性社会:学生抗议、科学与政治》等著作的发表,生态政治研究拥有了这些崭新视角,打破了传统的政治学理论对生态环境问题的解释框架,初步形成了新的生态政治理念和认识视野。

第二,生态政治思想的初创阶段。在20世纪70年代以后,随着《增长的极限》和《为了生存的蓝图》两个报告的发表,生态问题已从一个局部地区性的问题变为全球性问题。这两个报告深刻指出了生态危机是人类未来面临的生存危机,认为现存的政治经济模式已不可持续。人类终于意识到地球的自然资源是有限性,并不会用之不竭,人类生存面临的生态问题正日益加重,并没有被遏制。生态问题作为世界性政治问题引起了几乎所有国家的高度重视。在生态理论层面上,罗马俱乐部提出了唯有生态的方式才能有可持续发展。"人类必须调整现行社会结构及价值观念的观点。"[②]罗马俱乐部的系列报告从两个方面推动并影响了这一时期生态政治思想的论域和议题:其一,强调了生态危机的紧迫性和注重加强政府机构对生态问题的责任和治理;其二,追问了生态问题和危机出现的深层次原因和机制,并进一步提

---

① 郇庆治:《欧洲绿党研究》,山东人民出版社,2000年,第201页。
② 芮国强:《生态政治学概念辨析》,《学术界》,2003年第4期。

出了促使"全面改革现行生活方式的生态政治学的初步形成"①。由此可见，生态政治思想的发展必须跨越传统的政治发展理论藩篱，主动变革现代社会的政治经济模式，实现可持续发展的社会。

第三，生态政治思想的深化阶段。从 20 世纪 70 年代末 80 年代初开始，生态政治进入了理论深化阶段，具体表现为形成了生态社会主义和生态自治主义两大理论。生态社会主义主要是西方社会"新左派"，运用马克思关于社会主义的基本观点理论来"分析造成现代生态环境问题的资本主义制度因素，提出未来社会的社会主义解决方案"②的理论流派。而生态自治主义从两个方面发展了生态政治思想：一方面是对工业文明中现代价值观和自然观，即人类中心主义的批判和反思；另一方面，提出了生态中心主义的价值与权利的理论。这一时期的生态政治思想深刻分析了生态问题的复杂成因，深刻揭示了生态问题背后的社会制度原因和文化价值观；探讨了解决生态环境问题的多维途径，认为生态危机本质上是资本主义的制度危机，从根本上解决生态危机必须进行社会制度重建和文化的重塑；同时指出解决生态危机必须赋予基层社区广泛的自治权。

通过以上分析，我们可以看到生态政治是在反思和企图解决生态问题及生态危机的基础上形成和发展的。"本质上是随着当代环境问题而诞生并随当代环境运动而传播的一种反映着新的价值观的社会政治思潮，主要涉及着对大自然价值的认识以及对与自然有关人类政治行为的价值的认识。"③生态政治与环境政治、绿色政治等具有相同的内涵。

在我国国内，生态政治的研究发轫于改革开放以后。主要原因是我国实行改革开放以后，经济持续高速发展使生态环境问题日益凸显，引起了全社

---

① ② ③　芮国强：《生态政治学概念辨析》，《学术界》，2003 年第 4 期。

会的关注;同时和国外生态政治思想的传入也有一定关系。回顾国内最早给予"生态政治学"界定的是 1992 年出版的《中国大百科全书》。在其政治学卷中认为,生态政治学就是运用生态学的观点和方法来研究社会政治,从政治及其环境的相互关系中研究政治现象的产生和发展。[①]刘京希教授 1995 年在其研究中指出:"生态政治思想,源于西方的绿色革命运动。从广义生态政治的角度看,生态政治思想无疑是 20 世纪七八十年代西方绿色革命运动及其理论代言人,基于人类面临的日益严峻的生存危机,从生态与政治相结合的角度阐明的全新的政治思维。这种政治思维,把政治—社会—自然看作一个环环相扣、紧密联系的巨型系统,自觉地把政治放到一个包括社会环境和自然环境在内的广阔的大背景中,对其理论和行为的正负效应进行多重的、宏观的考察,因此这是一种宏观的、自觉的生态政治思想。"[②]随后,刘京希教授在 1997 年发表的《生态政治新论》和 1998 年发表的《再论生态政治》中延续了其主要观点,他认为生态政治学即政治生态学就是生态与政治相结合的政治学理论。2007 年刘京希教授在《政治生态论》一书中进一步总结为:"政治生态理论具有政治学和生态学的交叉学科属性。在研究中,力图跳出传统政治学的理论视域,转而引入生态学概念和原理,以丰富政治学研究的方法。主要思路是从生态学的视角去关照政治现象及其环境关系,揭示政治现象的内在本质,对政治生活的实质做出新的解释。"[③]1995 年陈清硕教授在其研究中指出,生态政治学是一门生态学与政治学的交叉学科,是生态问题在社会政治层面的诉求和反馈。生态政治学的研究对象是生态环境中的政治和生态两者的相互作用,"其主要的研究内容是探求社会生态系统与社会政治系统的相互关系及其规律性,研究的目的在于使社会生态与社会政治

---

① 张友渔:《中国大百科全书(政治学卷)》,中国大百科全书出版社,1992 年,第 327 页。
② 刘京希:《生态政治论》,《学习与探索》,1995 年第 3 期。
③ 刘京希:《政治生态论》,山东大学出版社,2007 年,第 4 页。

能够相互适应与协调发展"①。陈清硕教授认为,生态政治学就是要谋求世界环境问题的合理解决,实现人类社会的和谐发展。与陈清硕教授观点相类似,刘在平教授提出:"生态政治学遵循生态学原理和系统科学方法论,针对人类面临的以生态环境、自然资源等危机状态为主的各种危及人类生存的重大问题,寻求战略层次的根本性、长远性的解决。"②刘在平教授认为就生态政治的产生而言,主要是要解决人类发展进程中出现的生态问题,从而尝试生态和政治的结合。郇庆治教授指出:"要保持好自然生态,我们不仅需要伦理观念的支撑和人类价值观念的更新,还需要法律、政策等强制性的手段。……现在,生态活动已不仅是个经济和技术问题,也是一个包含着政策主张与选择的政治问题。"③郇庆治教授认为,生态政治学是指政治学应将环境问题、生态危机纳入政治学的研究范围,从而从政治学的视角和维度来研究和解决生态问题。孙正甲教授在《生态政治学》一书中,提出生态政治是以"自然—社会—政治"为主体框架的突破了传统政治的系统政治学,研究的目的是生态的政治化,从而实现生态问题的合理解决。从以上学者们的深刻论述可以看出,生态政治学应是生态和政治有机融合的一个综合学科。

高兹在《作为政治学的生态学》一书中强调,不能把生态政治学"理解成政治学的一个分支,因为这样做只是狭义地把握生态学原有的含义,没有给政治学增加任何新的内涵;也不能把生态政治学理解成是生态学的一个分支,因为这样做过分地扩大了生态学对政治学的影响,而仍然局限于生态学的内在联系"④。高兹指出:"生态学认识到经济行动必须注重其外在的约束条件,从而使这种经济行动不会造成与最初的宗旨相左,与其本身的持续发

① 陈清硕:《方兴未艾的生态政治学》,《社会科学》,1995年第4期。
② 刘在平:《面对人类生存危机的政治思维——生态政治学》,《天津社会科学》,1992年第6期。
③ 郇庆治:《自然环境价值的发现》,广西人民出版社,1994年,第375页。
④ 俞吾金、陈学明:《国外马克思主义哲学流派新编·西方马克思主义卷》(下册),复旦大学出版社,2002年,第589页。

展相违背的后果。"①从生产活动和经济理性的角度来研究生态学,根本不能实现生态学的目标。"从经济理性中是无法产生出道德原则,对于这一点马克思最早做了说明。"②

高兹指出,生态学必须突破经济学的界限,摒弃经济理性,用生态学的原则来制约经济理性。但"作为一门纯粹的学科生态学,并不必然地去抵制政治上的独裁主义、技术上的法西斯主义,并获得解决办法。而抵制技术法西斯主义并不是来源于对生态平衡的科学理解,而是来源于文化和政治的选择"③。

高兹根据马克思提出的"人与自然的新陈代谢"的社会理论,提出生态政治应把"人与自然的新陈代谢"作为研究对象。一方面从自然分析,即人与自然方面;另一方面从社会分析,即人与人的方面。这两个方面,人与自然方面和人与人的方面的结合及其相互作用就是生态政治的研究领域。高兹指出,生态政治的出发点就是要在批判人对自然剥夺的基础上,批判揭示人对人的剥夺。

从以上的分析可以看出,虽然目前学界关于"生态政治"的科学含义并没有达成一致。"生态政治学"和"政治生态学"的词汇的先后次序不同,含义不尽一致,既有区别又有联系。在具体使用中,还要看专家学者对这些概念本身的界定。我个人并不赞成"生态政治学"就是"政治生态学"的观点。"生态政治学"就是把生态问题上升到政治高度,跨学科综合运用各种理论方法和手段来分析、思考和解决生态问题,目的是为了实现生态文明,保持人类社会的可持续发展。而"政治生态学"是指把政治问题的社会基础生态化,在研究政治问题时运用生态学的观点、方法和理论来分析、思考并解决政治问

---

① ②　Andre Gorz, *Ecology as Politics*. South End Press, 1980. p.15.
③　Ibid., p.17.

题,从而实现更高程度的政治文明,而政治文明必须关照社会的生态文明建设和发展问题。由于生态政治学学科有待发展,生态政治仍是人类的一种生态理想、生态观念、生态力量和生态运动的展示和探索。本研究主要使用生态政治这一比较宽泛的概念。

四、研究综述

(一)国外研究综述

高兹作为当代法国左翼思想家,"高兹前半生与萨特及其存在主义紧紧联系在一起"[①]。高兹在世界范围内具有一定的影响。同时,高兹作为一个典型的"由红变绿"的理论家,一生著作颇丰,他的生态政治思想得到了众多的关注和研究。生态政治是当代西方重要思潮,高兹思想活跃、观点鲜明、具有突出的现实性。国外学者对高兹生态政治思想的研究和评论相比国内更为系统和深入。

艾德里安·利特勒在《高兹的政治思想》(*The Political Thought of André Gorz*)一书当中较为系统和全面地研究和评价了高兹生态政治思想。利特勒认为,高兹是以战后法国的"存在主义的马克思主义"作为其理论基础,并进而提出了自己的生态政治思想。利特勒还特别关注了高兹对生态政治学的应用,同时肯定了高兹提出的以存在主义为基础的劳动和福利社会主义。利特勒指出,高兹应用了一系列"个人自由自决的社会主义"的理论来建构其生态政治思想体系,人人自由自决是实现生态社会的基础和前提。高兹对于

---

① 俞吾金、陈学明:《国外马克思主义哲学流派新编·西方马克思主义卷》(下册),复旦大学出版社,2002年,第580页。

阶级斗争的需要是有意识的，"高兹特别强调了个人解放的阶级意识"①。从高兹整个理论的背景来看，利特勒认为虽然高兹批判马克思的一些著作，一些观点与马克思主义不同，特别是提出了"非工人非阶级"的理论，但其认为高兹还是可以被纳入马克思主义传统的。利特勒认为高兹理论为左派指出了一条通向 21 世纪的新路。

弗兰克尔在《后工业乌托邦》一书中指出，高兹大部分的生态政治思想都是从其"个人主义的社会主义"理论中提出来的。高兹尖锐地指出了现实资本主义社会中存在的生态问题，并很有说服地阐明了生态环境恶化在制度方面的原因。被剥夺公民权的后工业无产阶级发动的社会生态运动具有光明的前途，弗兰克尔认为后无产阶级不一定意味着对整个政治经济制度的拒绝。人类生态资源的有限性决定了奢靡消费的范围是不可能普及世界上每一个人的。针对高兹生态政治思想中的对未来社会的构想，弗兰克尔指出其充满着不可实现的乌托邦色彩。"如果不能具体化为行动和组织计划，那么一切都是假的。"②弗兰克尔对高兹生态政治思想的见解是很深刻的，其一针见血地指出了高兹关于未来社会的构想缺乏充分的社会实践。

霍夫曼在《超越国家》一书中对高兹生态政治思想进行了全面的分析和研究，他认为高兹生态政治思想是"筑立在现实社会经济和政治之上的空想社会主义"③。高兹在对现实的资本主义生态进行深度批判的基础上提出了自己关于生态发展的设想，缺乏现实可行的针对性，有待实践的检验。

赫希在《法国新左派》一书则分析了高兹生态政治思想的来源、发展及其评价。赫希认为，高兹的生态政治学构思了"一个生态的、后工业的、乌托

---

①　Adrian Little, *The Political Thought of André Gorz*, Routledge Press, London and New York, 1996, p.81.

②　Frankel, B.*The Post-Industrial Utopians*, Polity Press, Cambridge, 1987, p.18.

③　Hoffman, J. *Beyond the State*, Polity Press, Cambridge, 1995, p.14.

邦社会的具有实现可能的社会主义模式"[1]。包令在其著作《高兹和萨特的遗产》中系统梳理了高兹思想的变化、形成过程,以及与萨特和马克思思想之间的内在联系。包令认为,高兹是"批判的马克思主义者"[2]。他指出,高兹所抗拒的是一切与资本主义现代性妥协所形成的生活和工作中的异化、文化和技术的差异等。

因为没有语言和文化背景的差异,国外学者对高兹研究比较深入和具体。他们对高兹生态政治思想的评价既有一致的地方,即大都认为高兹关于未来社会的设想具有乌托邦色彩;同时在对高兹生态政治思想在理论定位等方面,也存在一些明显的分歧。这些理论不仅对我们进一步研究高兹生态政治思想具有重要的启发和借鉴意义,而且也需要我们对不同学者和思想家对高兹思想的理论评价进行批判性的分析和清理。

(二)国内研究综述

随着我国改革开放四十多年来国民经济的飞速发展,生态环境问题日益凸显,人们的生活越来越被日趋恶化的生态环境所打扰。从社会中的普通民众到各级政府的官员正日益聚焦生态环境问题。我国理论界也逐渐加入到世界范围内的生态政治思想的研究、探讨和建构之中。国外的各类生态环境理论不断输入国内,其中高兹作为当代左翼"由红变绿"的理论家,他的生态政治思想日益受到国内学界的重视。国内学界对于高兹生态政治思想的研究也越来越深入。目前虽然关于高兹著作并没有中译本,但相关的研究文章越来越多了,有关高兹的研究课题在国家级和教育部层面也有立项。截至2021年11月27日通过中国知网搜索,专门研究高兹的博士论文已有8篇、

① Arthur Hirsh, *The Franch New Left: An Intellectual History Form Sartre to Gorz*, South End Press, Boston, 1980, p.231.

② Finn Bowring, *André Gorz and the Sartrean Legacy*, Macmillan Press LTD, London, 2000, p.189.

硕士论文 35 篇、高质量的学术论文近 200 篇。

从 20 世纪 80 年代开始,国内学术界开始介绍和研究高兹思想。

1982 年,徐崇温教授最早在其出版的《西方马克思主义》和随后的《"西方马克思主义"论丛》中,专门介绍了高兹思想。徐崇温教授在《"西方马克思主义"论丛》中认为高兹是"存在主义的马克思主义者",运用存在主义的马克思主义观点深刻批判了当代资本主义社会制度。由于当时我国的经济发展刚刚起步,生态环境问题并没有像现在如此凸显,对高兹生态政治思想的认识并不深刻。李青宜教授在《当代法国的"新马克思主义"》中指出,高兹生态政治思想是乌托邦。针对高兹理论中对未来社会的一些具体设想,李青宜教授指出:"使社会主义从科学退回到乌托邦的做法,必然使他对未来产生悲观主义,而且在实践中也是行不通的。"[1]陆俊教授在《理想的界限:"西方马克思主义"现代乌托邦社会主义理论研究》也指出,高兹是一个"乌托邦马克思主义者"。以上学者虽然对高兹生态政治思想进行了深刻分析和研究,取得了高质量的成果,但他们对高兹生态政治思想对当代资本主义生态危机的深邃批判的重要意义重视不够,这与我国当时的生态问题没有充分显露有一定的关联。陈学明教授认为:"高兹既是存在主义的马克思主义的重要代表人物,又是生态学的马克思主义的主要理论家。"[2]陈学明教授深刻指出了高兹生态政治思想与众不同的特点,认为在所有的西方生态学马克思主义者中高兹从生态政治的角度对现代资本主义的批判最系统、最尖锐,并把对资本主义的批判和对资本主义所使用的科学技术的批判紧紧结合在了一起;高兹通过对资本主义生态危机的批判来直接论证建立先进社会主义的必要性。陈学明教授指出,高兹"关于生态社会主义的构想尽管充满了乌

---

①　李青宜:《当代法国的"新马克思主义"》,当代中国出版社,1997 年,第 101 页。
②　俞吾金、陈学明:《国外马克思主义哲学流派新编·西方马克思主义卷》(下册),复旦大学出版社,2002 年,第 580 页。

托邦色彩,但对人们产生了强烈的吸引力"①。

随着我国生态问题的日益凸显和生态文明建设的需要,国内研究生态文明理论的文章越来越多。在此基础上,近年来国内学界发表了诸多研究高兹生态政治思想的论文,这些论文大都把高兹界定为生态学的马克思主义者。主要取得的研究成果有以下五个方面。

1.关于工人阶级思想研究

高兹提出的"构建未来生态政治社会的主体是'非工人非阶级',工人阶级不再是社会主义革命的主体思想",引起国内学界的广泛关注和对其思想研究的进一步深入。

吴宁教授认为"阶级"是马克思主义的核心概念,阶级斗争是马克思对人类阶级社会分析的核心框架。吴宁教授指出,在西方新社会运动以来,"工人阶级消亡"的理论不断活跃,此理论认为每一个阶级都有其产生和消亡的过程,工人阶级不会例外。高兹根据现代工业社会出现的新现象,提出了新工人阶级、告别工人阶级和去阶级等问题,企图重构马克思主义的工人阶级理论。"高兹用一个新的中间阶级或能够控制生产的新工人阶级代替马克思的工人阶级,并没有放弃阶级斗争,虽然他批判马克思,但还是属于马克思主义传统。"②虽然现代资本主义社会阶级结构发生了很大变化,现工人阶级的境遇与原初意义上的工人阶级相比发生了翻天覆地的变化,但工人受剥削和被奴役的地位并没有改变。高兹新工人阶级理论的提出,开拓了新时期工人阶级国际研究的新局面。曾文婷教授指出,高兹作为法国生态社会主义者提出了当代无产阶级已经失去了作为社会主义革命主体的历史地位。"非工人非阶级"是社会革命的主体,主张将新工人阶级和"新社会运动"结合起

---

① 俞吾金、陈学明:《国外马克思主义哲学流派新编·西方马克思主义卷》(下册),复旦大学出版社,2002 年,第 581 页。

② 吴宁:《工人阶级的终结——兼析高兹告别工人阶级》,《当代世界与社会主义》,2010 年第 4 期。

来。曾文婷教授深刻批判了高兹过分强调文化革命等主观内在精神的改变，而忽视无产阶级在现实社会中的革命主体地位，高兹最后陷入乌托邦泥潭是必然的。曾文婷教授还指出，高兹对现代新技术革命带来的工业社会的经济政治结构新变化所给予的分析是过于主观。现代新技术革命确实改变了阶级的现实形态，改变了工人阶级的生产方式构成和结构，但实质上工人阶级在现代社会经济政治结构中被剥削的社会地位没有发生根本改变，并不能占有和支配生产资料。工人阶级的革命性并没有丧失，仍有革命的力量。"广大工人阶级依然是社会主义革命不可或缺的领导力量和主体力量。"①但是高兹提出，建立生态社会主义革命策略应该与新社会运动结成联盟的思想对于我们完善与发展社会主义制度具有重要的启示。汤建龙教授指出，高兹认为马克思主义工人阶级理论的哲学基础是黑格尔的历史观和辩证法，工人阶级理论这一黑格尔特征潜伏着宿命论的意蕴。高兹基于对马克思早期思想的研究而得出的整体判断，未能考察到马克思后来思想的格式塔变革。汤建龙教授指出，高兹尝试用马克思早期理论来代替马克思的全部无产阶级理论。汤教授认为，高兹在两个层面上犯了错误："第一，是对马克思的无产阶级理论本身的误解，这我们已经多次强调过。第二，对马克思主义运动中出现的问题的分析过于简单，而没有能够历史地、认真细致地进行剖析，分析它们出现的历史过程和理论现实层面的原因。"②汤教授指出，高兹批判虽然存在这些不足，但高兹理论也确实击中了传统马克思主义理论的一些要害。高兹思想具有后马克思主义的特征，对传统马克思主义的反省、发展和完善起到了积极的作用。③马瑞丽认为高兹是西方生态社会主义的典

---

① 曾文婷：《安德烈·高兹"非工人非阶级"思想评析》，《南京社会科学》，2009 年第 4 期。
② 汤建龙：《马克思的无产阶级理论真的具有黑格尔宿命论特征吗？——对高兹〈别了工人阶级〉一书的批判性解读》，《理论探讨》，2008 年第 4 期。
③ 马瑞丽：《高兹劳工战略理论》，《牡丹江教育学院学报》，2009 年第 4 期。

型代表人物，提出了解决生态危机的根本路径在于实现社会主义。高兹指出，马克思认为要实现社会主义，只有通过在工人阶级领导下的工人阶级暴力革命。伴随着后工业社会的来临，传统的工人阶级已经发生变迁。高兹根据现代资本主义社会出现的新变化创新了工人阶级理论，提出了反抗现实资本主义制度的结构性劳工战略，从而能够促进实现其构想的未来社会主义。马瑞丽认为高兹思想是为了建立一种批判现实资本主义的坐标，形成了不具有可行社会模式和有效社会秩序特点，是一种存在主义的乌托邦。吴宁教授指出，高兹从他自由自决的人本主义的视角，在全面研究现代资本主义制度劳动异化的基础上阐发了解放劳动的思想，提出废除异化劳动、时间的解放和实现劳动与闲暇的统一是通达解放劳动的必然路径。只有如此劳动，人的异化的问题才能从根本上解决，才能彻底使人得到解放。①

2.对科学技术和分工研究

汤建龙教授指出，高兹论述了资本主义制度下所使用的技术、教育制度和社会分工都嵌有资本主义的意识形态，生产力和科学技术都是为资本获利服务的。变革资本主义制度在改造其社会经济的同时，还必须要变革其所使用技术的属性和结构。高兹认为科学技术不仅是生产力，而且也内含生产关系。因此，高兹在批判科学技术时，不仅内含着从生产力维度批判，而且也从内含着生产力的生产关系的维度进行批判。这是典型的"后马克思"技术观。"高兹的分析都是从其人本主义角度出发批判性地进行的。"②高兹批判科学技术并不是意识形态中立的，具有一定的合理性。但高兹仅仅从批判资本主义制度下科学技术和劳动分工带来的负面效应，并没有客观地描述资本主义技术和劳动分工所带来的社会劳动生产率的极大提高和社会物质产

① 吴宁：《劳动解放的路径》，《宝鸡文理学院字报(社会科学版)》，2010年第1期。
② 汤建龙：《安德瑞·高兹"后马克思"技术观——资本主义技术和分工批判》，《科学技术与辩证法》，2009年第1期。

品的极大丰富。温晓春博士的研究深刻论述了高兹对资本主义医疗技术展开的尖锐批判,详尽地阐明了医疗、健康与社会三者之间的关系。温博士指出,高兹之所以认为对现代医疗工业的批判是紧迫而且必要的,是因为在他看来, 如果在高度标准化和全面工具化的现代社会中还存在个人自治(personal autonomy)领域的话,那么恐怕只剩下我们与自己的身体、生命和死亡的关系了, 而工业化的医疗却侵入了这片最后的自由领域。温晓春博士指出,高兹强调科学技术的意识形态并不是中性的。科学技术的研发、使用和普及都是与社会制度息息相关, 是适应其所处社会的生产关系并为它们所驱使。①所以"只有从根本上消除、瓦解现存的资本主义生产关系、社会制度,才能真正避免技术法西斯主义,真正去医疗化"。②

3.经济理性批判研究

解保军教授在研究中论述了高兹"经济理性批判"理论是其生态政治思想的重要内容。高兹在经济理性批判中深刻反思了现代理性,深刻阐明了"经济理性"的内涵和利弊。高兹指出,生态危机和社会危机的出现是经济理性主导社会所带来的必然结果,必须发展生态理性来制约和驾驭经济理性。针对生态问题的出现,高兹生态重建理论具有一定的合理性。高兹提出的先进社会主义是保护生态环境的最佳选择在理论上是可信的。高兹深刻挖掘了导致生态危机的资本主义思想根源, 深入批判了资本主义所使用的经济理性,使人们充分认识到资本主义的发展方式势必造成生态危机。在此基础上,高兹提出大力发展生态理性,启蒙理性真谛的现实呼唤是生态理性。高兹指出对经济理性的批判是要限制经济理性的非理性使用, 而不是抛弃理性精神,高兹对经济理性的批判使人们得以能够充分把握理性精神,在人类出现生态问题的新时期发展了人的理性内涵。"只有逃脱经济理性羁绊,踏

①②　温晓春、韩欲立:《健康的幻象:作为资本运动的医疗与疾病——安德烈·高兹医疗工业批判》,《哲学动态》,2010 年第 1 期。

21

入生态理性坦途,才能说明人们在真正理性的道路上又前进了一大步。"①解保军教授指出,高兹经济理性批判是在现在西方资本主义生态问题凸显的弊端背景下发轫的,是对经济理性过度使用和膨胀的纠偏。但我们不能机械照搬高兹语境下"经济理性批判"理论。高兹对经济理性的批判给中国人接纳和反思现代化提供了借鉴。叶登耀老师在研究中指出,高兹认为世界范围内生态问题的出现是主导资本主义的经济理性造成的。高兹提出必须限制经济理性,只有以生态理性驾驭资本主义的经济理性才能变革生态日益恶化的现实社会,使生态得以重建。②高兹生态政治思想对我国的环境污染、生态恶化和建设社会主义生态文明有重要的启示。

4.高兹生态哲学理论研究

汤建龙教授指出,综观高兹整个思想的发展,可以得出高兹思想先后经过了"前理论时期——存在主义时期——存在主义的马克思主义——后马克思主义"③四个阶段。高兹思想内在逻辑的发展和现实资本主义社会变化的结果,使高兹实现了由新人本主义的个人主义向对关注人类整体解放的转变。李春娟老师指出,高兹的生态政治哲学理论是生态政治思想的重要内容。④把生态学与政治学有机融合,使用生态政治措施来解决环境问题具有实践价值。高兹从生态政治视角批判了资本主义制度,指出生态危机的根源是资本主义利润至上的逻辑。先进的社会主义是保护生态环境的最佳选择。高兹生态政治思想对解决我国的生态问题具有指导意义。蒋舟俊老师指出,高兹作为一个生态政治学者,从生态政治学的视角深刻分析了生态危机发

---

① 解保军:《高兹"经济理性批判"理论述评》,《内蒙古师范大学学报(哲学社会科学版)》,2009第4期。
② 叶登耀:《从高兹生态社会主义思想试谈生态文明建设》,《湖北第二师范学院学报》,2010年第6期。
③ 汤建龙:《高兹哲学思想的发生学逻辑》,《国外理论动态》,2008年第3期。
④ 李春娟:《高兹"生态政治哲学"理论述评》,《内蒙古师范大学学报(哲学社会科学版)》,2009年第4期。

生的深层次根据,指明了资本主义制度是造成生态危机的根本原因。同时,高兹指出了资本主义所使用的技术对生态环境的毁坏作用。所以高兹提出只有瓦解资本主义制度才能从根本上实现人和自然、人与人的彻底解放。"高兹在揭示资本主义与生态环境之间内在矛盾的同时,也在社会主义和生态环境之间建构起了自己的理论体系。"①

5.生态重建思想研究

吴宁教授认为,高兹是存在主义的马克思主义,其对资本主义的生态批判充分揭示了建立先进社会主义的必要性。高兹提出,生态重建的制度解决是要建立自己所构想的具有"后工业社会主义"特征的先进社会主义。先进社会主义更注重个人自由的培育,更加尊重乌托邦精神,高兹称社会就是"后工业社会的乌托邦"。高兹指出:"现代社会太需要乌托邦了,因为人们只有凭借乌托邦才能去'想象、期待和激发存在当前变革中的潜在的转变'。"②汤建龙教授指出,高兹认为资本主义制度的利润逻辑是对自然的摧残和对人性的控制。只有通过构建先进社会主义才有可能完全解决生态危机,并实现每个人的自由自决的社会。每个人自由自决社会的构建是对资本主义社会的全面扬弃。技术变革是社会转变的基础,技术工人在社会技术转变的过程中自身的局限性才会不断被克服。"高兹所做的努力绝大多数是对当时的情况的分析,他指出存在的可能性和问题,而不是制定一个可以直接作为行动纲领的实践蓝图。这种分析在某种程度上对工人阶级和左派的斗争具有一定的意义。"③汤建龙还指出,高兹认为在必然王国中有两种必然性的活动,这两种活动就是保持着整个社会运作的生产活动和管理活动。这样两种活动在未来社会虽不可能被废除,但需实现这两者的最小化。高兹认为,管

---

① 蒋舟俊:《高兹生态学马克思主义的政治哲学》,《江汉大学学报(人文科学版)》,2004 年第 6 期。
② 吴宁:《高兹生态学马克思主义》,《马克思主义研究》,2006 年第 8 期。
③ 汤建龙:《高兹生态学的马克思主义思想探微》,《北方论丛》,2009 年第 4 期。

理活动是生产活动的必要前提，在实现由资本主义社会向未来转变的过程中，国家和政党将起着重要的作用。①

从国内研究现状来看，学术界对高兹生态政治思想的研究取得了一批高质量的学术成果，从最初的理论介绍到其理论背景、理论内涵的深刻把握和深入分析，这些研究对高兹生态政治思想的内在逻辑给予了深层次的梳理和探究。但在这些研究中评论性和系统性研究相对较少，一些学者的研究大都从个人的视角进行局部和自说自话式研究，彼此之间缺乏必要的沟通、交流和论争。学界对高兹生态政治思想形成的理论来源、文化历史背景、思想主要内容和观点以及内在逻辑的研究需要进一步深化和系统化。

五、研究目标

在理论研究上，运用马克思主义的观点和方法，全面梳理和展现高兹生态政治思想的理论来源、主要内容、内在逻辑和当代价值。高兹作为法国当代左翼生态政治思想家，其从生态政治的视角把对资本主义社会的批判和对资本主义所使用的科学技术的批判紧密结合起来。高兹对现代资本主义社会的批判最为系统和尖锐，高兹在批判资本主义社会的同时也提出了自己的关于超越资本主义社会，建立未来先进社会主义社会的设想。

因此，在理论上，廓清高兹生态政治思想的理论来源、主要内容和内在逻辑，对我们创新和发展马克思主义理论具有十分重要的价值；在社会实践上，通过深刻解读高兹生态政治思想的当代价值，以适应时代发展的现实需要。本研究从我国当代生态文明建设的社会实践出发，紧密结合我国当前存

---

① 汤建龙：《国家：不可彻底消除的必然性领域——安德瑞·高兹"后马克思"国家观探微》，《理论探讨》，2009 年第 6 期。

在的生态环境问题进行深入思考和研究,为建设社会主义生态文明,为新时代中国特色社会主义生态文明发展提供积极的借鉴和参考。

六、研究方法

由于高兹生态政治思想理论性突出、现实性强,对未来社会发展具有一定的前瞻性;同时高兹生态政治思想具有多学科交叉,跨度大等特点。这决定了我们只用一种研究方法和研究手段并不能科学有效地把握其科学内涵和实现研究的目的和要求。因此,在研究过程中,为了达到对高兹生态政治思想研究更全面、深入和客观,必须综合运用多种方法。主要采用以下三种研究方法和研究手段。

一是文本解读法。对高兹学术文献材料进行收集、研读、阐释和评议,紧紧围绕其理论的逻辑发展脉络展开文本解读,同时避免陷入文本泥潭。在此基础上大体勾勒出高兹思想从哲学到政治经济学再到生态政治学的理论演进理路,力争做到全面、客观、正确、公正。就此而言,其研究方法主要是文本研究法。通过阅读文本与文本作者交流思想,获取共鸣的原则,努力读出原著中的"原汁原味"。

二是历史分析。历史分析法是马克思主义历史研究的一个重要方法论,是历史唯物主义的体现。马克思主义告诉我们,研究和解决任何问题都离不开一定的历史条件,任何事物都是发展和变化的。高兹生态政治思想有其变化和发展的过程,认真分析高兹生态政治思想就要把发展的不同阶段加以联系和比较,才能弄清其理论实质。要仔细地、具体地分析高兹生态政治思想产生的历史背景,具体问题具体分析,力求做到实事求是。

三是科学比较法。采用纵向和横向比较法,找出高兹生态政治思想与同时代思想家的理论相同点和不同点,这是认识高兹生态政治思想的一种有效方法。结合马克思主义的观点和方法,通过科学比较法,观察、分析和比较,实事求是评价高兹生态政治思想的历史地位和作用,从而能正确分析和把握高兹的理论贡献和历史局限。

七、创新之处

第一,从总体上对高兹生态政治思想有一个较为完整和系统的梳理、分析和把握。目前,国内关于高兹生态政治学思想研究虽然在不同层面进行了深入的研究,但对其思想仍缺乏比较全面、深入和系统研究。结合高兹思想发展的时代背景,通过研究深刻把握其生态政治思想的理论来源、主要内容和内在逻辑。在全面分析和评价高兹生态政治思想的理论体系的基础上,不仅深入分析和概括高兹的理论贡献,也深刻阐明其理论不足和缺憾。

第二,紧密联系全球发展和中国当代发展实际,深刻阐发高兹生态政治思想的价值意蕴。从世界范围来看,全球的生态环境日益恶化,生态挑战日益严峻,人类的工业文明发展面临困境,整个世界缺乏建设全球生态文明的总体架构,人类文明样态必须转型。从我国的发展实际看,目前我国已经完成全面建成小康社会的第一个百年目标,正处在全面建成社会主义现代化国家的第二个百年奋斗目标的历史征程上,生态问题仍然比较突出。如各类污染严重、水资源短缺等问题,在新时期如何实现我国经济社会高质量发展,特别是生态文明良好发展,是我们新时代面临的重大课题。习近平总书记在党的十九大报告中强调指出:"我们要建设的现代化是人与自然和谐共生的现代化,既要创造更多物质财富和精神财富以满足人民日益增长的美好生活需要,也要提供更多优质生态产品以满足人民日益增长的优美生态环境需要。"①

　　面临新时代和新任务，我们绝不能走先污染后治理的历史老路。习近平总书记深刻指出："工业化创造了前所未有的物质财富，也产生了难以弥补的生态创伤。我们不能吃祖宗饭、断子孙路，用破坏性方式搞发展。绿水青山就是金山银山。我们应该遵循天人合一、道法自然的理念，寻求永续发展之路。"②

　　高兹生态政治思想为我们新时代制定和审视我国目前的经济社会发展战略提供了一种新的理论视野，对新时代中国特色社会主义生态文明建设具有重要的启示和参考。

---

　　①　习近平：《决胜全面建成小康社会　夺取新时代中国特色社会主义伟大胜利——在中国共产党第十九次代表大会上的报告》，人民出版社，2017年，第11页。
　　②　2017年1月18日习近平在联合国日内瓦总部的演讲。

第一章 高兹生态政治思想的
理论来源

马克思主义告诉我们,任何一种思想的形成和发展并不是凭空产生的,都有其思想的时代条件和理论渊源。高兹生态政治思想的形成有其特定社会历史文化背景和条件,西方文化对高兹生态政治思想的形成具有潜移默化的作用。西方近现代思想,特别是反思和批判资本主义制度以及工业文明思潮对高兹生态政治思想的形成和发展影响深远。高兹生态政治思想的主要来源是萨特的存在主义、存在主义的马克思主义的思想、马克思主义、西方马克思主义特别是法兰克福学派的思想和西方绿党的政治思潮。

第一节 萨特的存在主义和存在主义的马克思主义

安德列·高兹(André Gorz,1924—2007)是一个自学成才的思想家。1924年,高兹在奥地利维也纳出生,是家中第二个儿子。高兹的父亲是犹太人,母亲是天主教徒。1938年,纳粹德国吞并奥地利后,高兹随全家移居到瑞士,受萨特哲学影响,并在瑞士开始研习哲学;1948 年,移居法国;1954 年,加入法国国籍。

高兹上大学时学的是化学工程专业,1945 年从洛桑理工大学毕业。高兹的母亲对进入上流社会有着强烈的渴望,非常希望通过把高兹培养成一个勇敢、强大并具有很高文化修养的人,从而进入上流社会,以满足和实现其获得社会地位提升的心愿。"但是高兹感到自己的自信心深深被母亲的魅力、口才和令人兴奋的要求所打击,使他无法适应母亲为他制定的严要求和高标准。由于高兹斜视、口齿不清和小儿口吃,他最初充满了尴尬、罪恶感和不足之处的感觉。"①高兹在其自传《叛逆者》中回忆道:"儿子的角色对我来说可能是超出了能力范围,母亲是希望有一个有出息的儿子,但可能自己不是父母所期望的那个孩子。"②家庭对他的过高期望,使其内心很纠结和焦虑。同时,残酷的社会现实也使高兹深深意识到他自己的混合民族和宗教血统这一事实,造成身份认同缺失和无归属感。"在反对犹太人的国家奥地利,高兹具有半个犹太人血统;在大德国的范围内,其又是属于奥地利国家半个犹太人;在瑞士,则是个被认为是倾向于德国的,因为我是拥有德国护照的奥地利国的半个犹太人。这实际上在内心世界造成了自己是虚无的存在。既不是亚利安人,也不是犹太人,既不是瑞士人,也不是奥地利人、不是德国人,他什么都不是。"③1939 年夏,高兹母亲害怕自己 16 岁的儿子被德国军队带走当兵,把高兹送到了一个瑞士的寄宿学校。这次转学,后来被高兹称为"第二种流亡"。"第二种流亡"的生活标志着高兹写作天职的开端,他渐渐发现写作变成了自己对抗无能和因社会排斥及身份矛盾而产生的无目的感的一种方式。通过重新回味自己在文学材料里的体会,高兹感到能够在面对毫

---

① Finn Bowring, *André Gorz and the Sartrean Legacy*, Macmillan Press LTD, London, 2000, p.2.
② Gorz, A. *The Traitor*, Verso Press, London and New York, 1989, p.128.
③ Ibid., p.42.

无意义的世界时,发现其中的审美意义。在 1941 年,一个偶然的机会,高兹阅读了萨特的《恶心》和《墙》,从而被萨特作品深深吸引,引发共鸣。随后高兹阅读了萨特的大量著作,他逐渐以熟知萨特的作品而闻名,他开始运用萨特的思想来理解和协调他与现实之间的矛盾。

1946 年,高兹因为熟知萨特的作品,而被邀请作为嘉宾参加萨特的学术讲座,高兹在学术讲座上见到了心仪已久的哲学家萨特,并且得到了萨特在读《存在与虚无》一书时产生的存在的绝望情绪的令其满意的哲学解释。从此之后,高兹开始尝试进行他自己的理论探索,目的在于提炼和发展萨特在存在主义思想方面的观点。高兹希望能够使萨特的自由"自为"理论植根于价值观念的层次之中,并解决那些连萨特都无法正确解决的问题,如真实性和道德转换的问题。高兹思想最初是受萨特的影响并从萨特的思想出发的。正如利特勒所指出的那样:"高兹理论是以萨特的存在主义哲学为基础的。"①

一、萨特的存在主义

高兹人生早期经历受到身份认同的压抑和母亲高期望的亲情胁迫,他认为自己童年和少年时期的人生体验一直处于一种焦虑和恐慌的虚无状态。高兹在接触到萨特的存在主义之后,产生了强烈的共鸣,被萨特的存在主义思想所深深吸引。后来,虽然高兹并不满意萨特的理论,其在继承和批判萨特存在主义的基础上,开始创作自己的存在主义著作——《道德的基础》,尽管如此,萨特的存在主义思想始终是高兹思想一个直接的和重要的理论基础和来源,是高兹思想的一个基调。

---

① Adrian Little, *The Political Thought of André Gorz*, Routledge Press, London and New York, 1996, p.3.

　　高兹努力尝试在萨特的存在主义理论大厦中寻找消除他自身虚无感和焦虑的方法与途径。让-保罗·萨特(Jean Paul Sartre,1905—1980),在研习基督教存在主义哲学的基础上,摆脱了克尔凯郭尔的宗教神秘主义存在主义的影响,接受并发展了胡塞尔非理性主义,构建了自己的无神论的存在主义体系,成为当代存在主义集大成者。萨特的存在主义认为"存在先于本质",人没有预先确定的本质,人总是首先确定存在,然后再自我设计、自我选择,人的面貌是后来形成的。人的"存在"在先,"本质"在后。所谓存在,是"自我"存在在先,是"自我感觉到的存在"。"首先是人的存在、露面、出场,后来才表明自身。"所谓"存在先于本质",即是"自我"先于本质,也就是说,人的"自我"决定自己的本质。"将来是通过人的实在来到世界上的。"①萨特认为,虽然人不可选择自己的出生,但可以选择人生的意义。人要实现我所是,必须重新充实自我。存在主义的精义就是"自由选择",也是存在主义的核心,即人选择自己的行动是绝对自由的。面对不同环境,采取行动以及如何行动,每个人都可"自由选择"。萨特指出:"自由如果可以被定义为对已有的事物的一种逃避、对现实的回避,接着就有回避这种现实的现实。自由的实在性便出现了。"②高兹受萨特存在主义的影响,继承了萨特关于"自在的存在"和"自为的存在"的观点,逐步摆脱了内心的虚无和焦虑感,开始一个自我重生的历程。高兹在其早期哲学作品《道德的基础》中就开始探讨其生态政治的基本理念。高兹指出,作为个体的解放是社会解放的前提,未来的社会应是一个个体自治、自由和自决的社会。通过萨特的无神论存在主义,高兹将生态政治思想的中心放在了个体解放的层面。高兹指出:"在这个社会化的世界里,什么是'正常'和什么是'自然'实际上是不可分的。这也是为什么自然

---

　　① ［法］萨特:《存在与虚无》,陈宣良等译,生活·读书·新知三联书店,1987年,第176页。

　　② Sartre,*Being and Nothingness:An Essay on Phenomenological Ontology*,New York,Philosophical Library,1956,p.484.

的理性必然需要假定和坚持三种事实：一个人的身体，一个人的过去，一个人所处的环境。应该清楚地是，一个真实性世界的和谐永恒是永远不可能的，而选择在这一水平上独自存在也是不可避免的、不真实的。不可靠的身体和自然的'反人类'性质是很明显的原因。但即使是那些有幸被保护不受直接暴力和自然威胁的富裕的发达国家和城市还是会遭遇到延续生命的障碍。在直觉知识的总和、习惯和我们过去的经验、新的情况、矛盾的角色和期望，快速变化的习俗、价值观和现代社会流动的和分化的本质的典型知识体系中不可避免地包含着差异。这样的差异阻碍我们自发地调节以适应周围的世界和承受自然的能力。"[1]这正是高兹批判、反思和超越以经济理性为主导的资本主义制度的根本的出发点和最终的目标。

存在主义不仅认为社会中人与人之间是彼此理解的，而且同时又存在着不可避免的分歧。萨特认为，人与人之间的关系不可能是互为主体的关系，只能是"主奴"关系。也就是说，每个人都力图保持自己的主体性而使他人成为对象。萨特认为，一个人要从他人的目光或他人的地狱中解脱出来，要么你成为别人的物，要么让他人成为你的物。萨特的无神论存在主义思想一直影响着高兹后来的理论建构。高兹在《经济理性批判》一书中指出，在经济理性主导的资本主义社会中："只是留下了个人之间的金钱关系，留下了阶级关系，留下了人与自然之间的工具关系，从而产生了一个一无所有的工人——无产阶级，这个阶级沦为只是可以无限地加以交换的劳动力，被剥夺了任何特殊的利益。"[2]高兹在《告别工人阶级》中指出，真正审美意识的本质存在一定程度的自治，比起拥有知识品位和势力的精英来说，这种自治实际上在工人阶级中更为明显。没有什么能阻止社会必需的劳动人民庆祝节日、

---

① Finn Bowring, *André Gorz and the Sartrean Legacy*, Macmillan Press LTD, London, 2000, p.42.

② André Gorz, *Critique of Economic Reason*, London and New York, Verso, 1989, p.19.

娱乐和交流的机会。文化毕竟不仅仅是武断地把可选择的、多余的确定为必要事物的——一个用超然美感投入到所需事物的过程。高兹在萨特理论的基础上进一步指出,资本主义的薪资工作使工人失去了自由和快乐,也更谈不上促进人的自由发展和自我价值的实现了。高兹关于人与人、人与自然之间关系异化的理论,在不同程度上都受到了萨特存在主义的影响。

二、萨特存在主义的马克思主义

"在 20 世纪 50 年代中期以前,尽管萨特在政治上同共产党保持密切的联系,但他在思想上从不自称是马克思主义者。那时的萨特是个纯粹的存在主义者。自 20 世纪 50 年代中期起,他在政治上同共产党脱离关系,而在思想上却向着马克思主义'靠拢',致力于实现存在主义与马克思主义之间的'相互改造''互相补充'。此时的萨特是个'存在主义的马克思主义者'。"① 萨特在二战爆发后应征入伍,第二年被俘,作为战俘在集中营被关了 10 个月。战争与现实使萨特的思想发生了重大的转折。一方面,是由于萨特积极干预政治时事,他开始以分析批判的态度取代过去对马克思主义的盲目排斥的态度。萨特强调,马克思主义是我们不可超越的哲学,因为产生它的历史条件还没有被超越,社会关系的变革和技术的进步未能把人类从"匮乏"中解放出来。另一方面,萨特的理论受到批评使他在一定程度上意识到自己前期的极端个人主义和绝对自由主义的缺陷和矛盾,并试图加以修正。萨特指出:"我们是为自由而追求自由,是在特殊情况下和通过特殊情况追求的。还有在这样追求自由时,我们发现它完全离不开别人的自由,而别人的自由也

---

① 俞吾金、陈学明:《国外马克思主义哲学流派新编·西方马克思主义卷》(下册),复旦大学出版社,2002 年,第 432 页。

离不开我们的自由。显然,自由作为一个人的定义来理解,并不依靠别的人,但只要承担责任,我就非得同时把别人的自由当成自己的自由追求不可。我不能把自由自作目的,除非我把别人的自由当做自己的目的。"①萨特在1960年发表《辩证理性批判》标志着他成为"存在主义的马克思主义"的集大成者。

萨特虽认为马克思主义是我们时代不可超越的哲学,但他认为从全球范围来看当代的马克思主义已经几尽停滞了。主要表现在当代的马克思主义理论脱离了社会实践,而社会主义的实践则是脱离马克思主义理论的无原则的经验过程。马克思主义理论排斥人,存在一个人的空场,必须用存在主义去补充马克思主义。萨特指出,当代的马克思主义者大都是一些"庸俗的马克思主义者",他们把马克思主义神圣化,把马克思主义看成了一成不变的教条。他们的思想方法是一种先验的分析方法。具体就是,把马克思主义的命题看成固定不变的公式,把历史事件和人物看作必须符合这一公式的符号;用普遍代替个别,抹杀个别性,只承认抽象的阶级性,否认社会历史中具体个人的实在意义。萨特指出,先验分析的方法的根本缺陷在于,它忽视了从社会历史中的具体个人到抽象的阶级之间存在着的一系列"中介",从而导致一种直接跳入普遍的东西的还原主义。在《辩证理性批判》一书中,萨特提出了"前进-逆溯"的方法。"所谓前进的方法即从社会整体到个人的方法。他认为,马克思主义的方法是前进的。但是马克思本人的前进方法与那些庸俗马克思主义者是不同的。在马克思那里,从普遍原理到具体事实是长期分析的结果,而庸俗马克思主义则是用抽象的原理去证明本应予以探究的问题的答案。因此,单纯的前进方法由于缺乏逆溯分析容易导致错误的结论。所谓逆溯的方法即从个人再回到社会整体的方法。通过从整体到个

---

① [法]萨特:《存在主义是一种人道主义》,汤永宽、周煦良译,上海译文出版社,1988年,第27页。

人、再从个人到整体的来往和反复，可以使研究对象再现为丰富生动的个体，从而达到历史的真实。"①

　　高兹在其生态政治思想中继承了萨特存在主义马克思主义的一些思想，并就使用了萨特的"前进–逆溯"的方法。在高兹《告别工人阶级》一书中非常明显的一个特征是对萨特"前进–逆溯"方法的借鉴和运用。高兹通过使用"前进–逆溯"的方法对现代资本主义制度中的工人阶级的状况进行由浅入深的分析，对工人阶级的命运给予了深刻的揭示，并指出"以自主性的个体的自由结合为组织形式的无产者的团体是最佳的革命团体"②。高兹不仅继承了萨特存在主义马克思主义的"前进–逆溯"方法，而且高兹所处的时代主题与萨特完全一致，高兹许多具体的观点都是对萨特的存在主义马克思主义的直接运用、借鉴和发展。如在《萨特和马克思》一文中，高兹对萨特辩证法的阐释上不仅基本与萨特的本义保持一致，而且还是萨特辩证法的进一步推进和发展。在《劳工战略》一书中，高兹关于资产阶级对需求的控制的深刻揭示，就是以萨特关于"匮乏"理论的继承和发展。高兹的"匮乏"解释不再是萨特意义上的"绝对的匮乏"，而是指资产阶级为了控制工人的需求，从而控制工人的一种人为制造的匮乏。"对工人而言，社会在某种程度上否认了再生产物理劳动力的可能性，仅仅对最基本的消费品的需求就足够导致立即的革命内容。革命的必然性变得与生存的必然性相同，其物质基础是直接的和简单的。"③

　　综上，萨特的存在主义马克思主义是高兹思想的重要来源，高兹许多观点都是萨特存在主义的马克思主义的直接运用和发展。

---

① 谭鑫田主编:《西方哲学教程》，山东大学出版社，1995 年，第 671 页。
② 汤建龙:《高兹早期哲学思想的显性理论支源和思想渊源》，《江海学刊》，2009 年第 6 期。
③ André Gorz, *Stratege for Labor: A Radical Proposal*, Beacon Press, Boston, 1967, p.22.

第二节 马克思主义

高兹生态政治思想的理论来源除了萨特的存在主义和萨特的存在主义马克思主义外，马克思主义的思想特别是马克思主义政治经济学和马克思主义关于人的自由解放和社会主义思想是其重要的思想来源。利特勒指出："与在萨特的政治理论当中所体现的一样，在高兹很多理论当中很显然都可以看到马克思主义与存在主义相融合的迹象。"①

一、政治经济学

马克思主义政治经济学是研究特定社会制度中的社会生产关系，即经济利益关系，同时揭示社会历史发展中的经济规律的理论。马克思主义指出，生产关系是人类社会中最基本的关系。生产关系包括直接生产过程中的关系，也包括分配关系、交换关系、消费关系；生产关系属于经济利益关系，经济利益关系在存在阶级关系的社会中，会表现为阶级利益关系。生产关系是人们在社会生产过程中所形成的诸方面的经济关系的总和。马克思主义政治经济学重在通过对资本主义生产关系的研究，揭示资本主义内在矛盾、阶级对抗性和资本主义制度产生、发展与灭亡的客观规律，揭示资本主义会周期性爆发经济危机，以及资本主义终将被社会主义所取代的历史必然性，是社会主义运动和社会主义革命的理论武器。

① Adrian Little, *The Political Thought of André Gorz*, Routledge Press, London and New York, 1996, P.5.

我们从高兹提出的"马克思对资本主义生产方式的批判就是对经济理性的批判"。①这一判断可以直接看出,高兹思想深受马克思主义的影响和启发。高兹在其《经济理性批判》一书中直接引用马克思的观点来批判经济理性的危害。"作为资本主义合理化的一大成果,劳动不再是一种个人的活动,不再受制于基本的必然性,但也得付出重大的代价,这就是使劳动失去了它的界限,劳动不再是有创造性的了,不再是对普遍力量的肯定,它使从事劳动的人非人化。"②高兹根据马克思政治经济学理论进一步提出,经济理性不仅使资本主义社会中人与人之间的关系变为货币关系,而且使人与自然的关系变为工具关系。高兹指出,资本主义社会"对经济领域中的不平等分配,以及与此相伴随的对技术发明所创造的自由时间的不平等分配,导致了这样一种情景,在这种情景下,一部分人能从另一部分人那里购买到额外的空闲时间,而后者则沦为前者的服务者"③。高兹以马克思的政治经济理论作为其理论基础对资本主义社会给予了深刻的批判。

二、科学社会主义

高兹作为当代左翼思想家,深受科学社会主义思想的影响。虽然高兹在无产阶级解放的路径、革命的主体等具体问题上和科学社会理论不尽一致,但在追求社会平等、实现人的自由而全面的发展等价值目标的追求上是基本相同的。高兹"基本立场、理念和价值观上是和马克思的思想是一致的,他们都坚持社会主义共产主义的基本立场"④。高兹继承了科学社会主义关于

---

① 俞吾金、陈学明:《国外马克思主义哲学流派新编·西方马克思主义卷》(下册),复旦大学出版社,2002年,第599页。

② André Gorz, *Critique of Economic Reason*, London and New York, Verso, 1989, p.20.

③ Ibid., p.6.

④ 汤建龙:《高兹早期哲学思想的显性理论支源和思想渊源》,《江海学刊》,2009年第6期。

"要实现每个人的自由解放必须同异化的劳动和现实的压迫进行坚决的、不妥协斗争"的思想。虽然在具体的理论观点上二者并不完全一致,但高兹与科学社会主义的基本立场是保持高度一致的。

高兹作为一个积极参与社会政治的左翼思想家,根据当时社会主义运动和变化出现的新问题及新情况进行了深刻的思考,积极借鉴和运用了科学社会主义思想,出版了《劳工战略》《艰难的社会主义》和《改良与革命》等著作。从高兹这个时期的著作中,可以看到科学社会主义的原理和相关观点的呈现和使用。如对新时期工人阶级革命策略及其组织形式和路径的思考,对解决苏联社会主义模式反思和批判等。高兹在这一时期关于社会主义的思考、对其后来的生态政治思想中提出建设未来生态社会主义打下了一定的社会主义理论基础。而在《社会主义、资本主义和生态学》一书中,高兹提出的苏联模式的社会主义和资本主义没有什么区别,对苏联模式的社会主义本身奉行的也是经济理性的批判就直接引用了科学社会主义的观点和原理。

实现先进的社会主义是高兹生态政治思想的最终社会目标。高兹在其生态政治思想中,把生态学作为批判资本主义制度的最新武器,把对资本主义的生态批判和实现社会主义紧密结合,这超出了生态学理论的范围。高兹从生态学维度对资本主义生态危机的实质分析和批判,揭示了资本利润背后的资本主义意识形态,并根据马克思主义关于人的自由解放原理提出了解决生态危机,以及超越资本主义并走向社会主义的路径。高兹对资本主义和极权社会的批判直接以变革社会和实现每个人自由而全面发展的社会为目标,这无疑是科学社会主义原理的新运用、新尝试和新发展。

第三节　西方马克思主义

　　现代西方哲学思潮中一致存在着一种反对极权主义的马克思主义。西方马克思主义是一种当代西方左派批判理论的总称，马克思主义分化是其萌生的前提。西方马克思主义于 20 世纪 20 年代开始出现，最初是共产国际内部一种"左"倾思潮，在共产国际的内部受到批判。西方马克思主义作为一种思潮和流派，是在共产国际遭遇挫折、新的科学技术不断突破和资本主义从自由阶段走向垄断的特殊背景下，通过把马克思主义与非马克思主义思潮的相互嫁接和融合，并进一步对教条和僵化的马克思主义和当代资本主义展开深刻批判，"企图探索不同于传统马克思主义和现实社会主义的另一条'新道路'"[①]。西方马克思主义流派众多，虽然它们都与马克思主义保持着一定的联系，但它们的观点五花八门、各有千秋。它们试图通过对资本主义的社会、科技、文化和意识形态等的批判，以探索一条告别无产阶级革命超越资本主义社会的改良道路。

　　高兹作为当代的左翼思想家，同时作为西方马克思主义代表人物，无疑受到了西方马克思主义的影响。高兹理论的主题、具体的观点、方法和结论无不与西方马克思主义思潮密切相关。其中法兰克福学派的思想和列斐伏尔的日常生活批判理论对高兹影响最大。

一、法兰克福学派

　　"法兰克福学派因其主要成员都曾在德国美因河畔的法兰克福社会研

---

　　① 张一兵、胡大平：《西方马克思主义哲学的历史逻辑》，南京大学出版社，2003 年，第 8 页。

究所工作过而得名。它是西方马克思主义中人数最多、影响最大、前后持续时间最长的一个派别。它属西方马克思主义中把马克思主义人本主义化的思潮。"①霍克海默、阿多诺、马尔库塞、哈贝马斯等都是法兰克福学派的著名代表人物。法兰克福学派秉承马克思的批判精神,扛起"社会批判"的大旗,采用跨学科的方法,分析重大社会问题和政治问题,并尝试提出破解这些问题的方法和路径。霍克海默认为对资本主义社会的研究应是批判性的研究,马尔库塞指出对资本主义必须采取一种势不两立的批判态度。可以看出法兰克福学派对资本主义的研究主要是为了对资本主义进行深刻、彻底的批判。高兹在其生态政治思想中对资本主义社会尖锐、深邃和系统的批判,无疑受到了法兰克福学派的重要影响。另外,在具体的观点上,特别是高兹对科学技术的批判就直接承袭了法兰克福学派的观点。

高兹在批判资本主义所使用的科学技术时秉承了法兰克福学派"科学技术即意识形态"的观点,与霍克海默、阿多诺、弗罗姆、马尔库塞等对资本主义的批判一脉相承。高兹提出的科学技术在经济制度中起基础性作用,与法兰克福学派的观点内在一致。"科学和技术并非意识形态中立,它们取决于资产阶级使用它们的目的和在资本主义制度中发挥它们功能的限制。"②它们反映并且决定生产者与他们的产品的联系、工作者与他们工作的联系、个人与小组和社会联系及人对环境联系。"技术是一个矩阵,其中内嵌着权力的分配、社会生产关系以及社会分层分工。"③在资本主义社会中对自然的全部统治不可避免地通过其实施的技术来实现并通过其技术最终导致对人的统治。正如马尔库塞在批判资本主义工业社会所指出的那样:"不仅是技

① 俞吾金、陈学明:《国外马克思主义哲学流派新编·西方马克思主义卷》(上册),复旦大学出版社,2002年,第127页。
② André Gorz, *The Division of Labour*, The Harvester Press, 1978, p.165.
③ André Gorz, *Ecology as Politics*, South End Press, 1980, p.18.

术的应用,而且技术本身就是对自然和人的统治。"①资本主义不能强化现存社会关系的那些技术,即使这些技术对其所陈述的目标是合理的。政治选择不断地以技术选择为幌子强加给整个社会,技术合理性日益变成统治合理性。

二、列斐伏尔的思想

列斐伏尔(Henri Lefebvre,1901—1991)是法国极为独特的西方马克思主义者之一,"日常生活批判理论之父"。列斐伏尔于1936年,在与他人合著的《被神秘化的意识》一书中提出"日常生活批判"概念。并随后在《日常生活批判》一书中系统地构建了以异化为核心概念的日常生活批判理论体系。列斐伏尔指出,现代文明中人类哲学日益脱离日常生活,同时哲学理性反过来又对日常生活进行强制。列斐伏尔指出:"在传统的马克思主义哲学中,人们只知道作为社会结构的经济基础和上层建筑两个方面, 它们的确是社会生活的本质, 可是人们恰恰忘记了任何本质都必须表现为具体的生活才是真实的。"②因此,列斐伏尔把批判的视角转向了日常生活。列斐伏尔指出,在当代资本主义社会中,每个人的日常生活完全失去了自主选择,已被无情地侵占了,资产阶级通过这种新的全面统治,使人们日常生活中具体的琐事都被资本所操纵,人已经变为非人,被异化成为一种不能自由自决的客体状态。资产阶级通过以影像和符号为核心的现代异化的传播工具,如电台、电视和文字等,以无形的手段禁锢和控制着人,使人变成木偶,生活在虚假的需求和满足之中。生活的主体不再是人,日常生活场所被非人的东西所盘踞。"人

---

① H.Marcuse.Negations:Essays in Ritical Theory,Beacon Press,1968,p.223.
② 张一兵、胡大平:《西方马克思主义哲学的历史逻辑》,南京大学出版社,2003年,第168页。

在日常生活中丧失了自我,成为生活异化的牺牲品。"①列斐伏尔认为:"宗派
主义的批判家们忘记了,只有在革命危机的关头,人们在日常生活中所表现
出来的经济与意识形态的东西才能上升到政治的高度。"②列斐伏尔指出,其
日常生活批判理论是对马克思主义的重大发展,把马克思主义变成了以异
化理论为基础的具体的批判主义。

　　日常生活批判理论对高兹产生了重大的影响。高兹出版的文集之一,其
书名就是《危机和日常生活中的资本主义》,这就可以看出高兹受列斐伏尔
的影响之大。高兹指出,我们应从日常生活的事实和感受出发,透过日常生
活问题,深入到事实的背后,来考察和分析整个资本主义体系的内在逻辑和
不可调和的矛盾。只有这样,我们才能去揭示和发现资本主义体系的内部运
作和周转规律,从而找到资本主义的死结,"并通过对被该社会所忽视的需
要和可能性的关注来挑战它的基本假设"③。高兹对资本主义的生产逻辑和
消费异化等现象的批判,就运用和发展了列斐伏尔的日常批判思想,深刻揭
示并批判了资本主义日常生产和消费的异化现象。另外,高兹在列斐伏尔的
启发下,对资本主义日程生活中的医疗给予了深刻批判。高兹指出,在资本
主义社会中"医生越来越多而病人也越来越多。在过去大约十年的时间里,
所有发达国家的人们死亡的年龄越来越年轻,且更易患病。尽管医药在发
展,但也正是因为医药的发展,此事仍在发生"④。在现代医学中,尽管越来越
多的精密医疗技术投入使用,但社会中人们患恶性疾病的比例却在逐年增
加。"一切都表明这些疾病与我们的生活方式和环境相关。与资本主义文明
不同的文明社会则不受这些疾病的困扰。在维持健康的所有因素中,医药是

---

① 张一兵、胡大平:《西方马克思主义哲学的历史逻辑》,南京大学出版社,2003 年,第 169 页。
② Henri Lefebvre, *Critique of everyday life*, volume 1, p.56.
③ 汤建龙:《兹哲学思想的发生学逻辑》,《国外理论动态》,2008 年第 3 期。
④⑤ André Gorz. Ecology as Politics, South End Press, 1980, p.150.

效果最差的。"⑤在高兹对医疗的深刻批判中,揭示了日常生活中的医疗和健康已被资本所控制,成为资本主义攫取高额利润的工具和手段。

高兹在其理论的发展过程中还借鉴了其他许多思想家的理论,他们的关系千丝万缕、错综复杂。这些思想家有:伊利奇、图海纳、哈贝马斯、吉登斯、阿伦特、阿格里塔、利比兹等。

第四节　西方绿党政治思潮

西方绿党起源于 20 世纪 60 年代后期的新社会运动。西方最早的绿党是新西兰价值党,于 1972 年成立。随后,绿党在欧洲国家蓬勃发展,德国、意大利、比利时、芬兰、瑞典等国的绿党还参与了政府内阁。绿党组织,在 2004 年建立了欧洲绿党,有 29 个国家的 32 个绿党成员,成为欧洲统一的地区组织。

新社会运动是一场以年轻学生等新型市民为主体,以保护生态环境、反对核电、维护和平、要求男女平等为诉求的社会政治运动。被西方学者称为具有"十二级飓风"威力的"绿色政治运动"。随着西方绿色运动的崛起,绿党逐步成为领导核心。绿党兴起之初,被认为是"乌合之众",现代"绿党已经成为大多数西欧国家政治舞台上稳定而积极的参与者"①。全球的绿党都有一个共同的特点——提倡社会正义和生态永继生存。

绿党的出现有其深刻的社会背景。随着资本主义生产方式的日益扩展,生态平衡被严重打破,带来了危及人类生存和发展的生态危机和社会危机。

---

① ［英］克里斯托弗·卢慈主编:《西方国家环境运动:地方、国家和全球向度》,徐凯译,山东大学出版社,2012 年,第 1 页。

"人们在一个成熟的工业社会中,精神和生命正频临崩溃和毁灭的边缘。"①
人们希望通过新的社会运动来引起全社会的关注,并试图通过新思想来改
变现状。

各国绿党的具体纲领并不一致,但一般以生态学作为其理论基础和行
动指南。恩斯特·海克尔在1886年最早提出了生态学的概念,基本含义是指
研究生命体与其外部环境相互联系的科学。随后生态学的概念不断演化,20
世纪60年代被定义为探索社会、技术和自然之间关系的科学。绿党一般认
为,必须用全面系统、生态关联,以及人与自然平衡的方式对待人与自然、人
与社会,人类才能持续发展。绿党的目标就是运用生态学的理论,通过绿色
政治运动来改造现实的政治经济文化制度。在经济上,绿党要求发展社会
"可以承受"的经济,免于人类环境的破坏。在技术上,绿党要求发展"软技
术",既不污染环境又能满足人们的基本需要。如水能、风能、太阳能等。在政
治上,主张"基层民主制原则"等。绿党社会政治思想具有一定合理性,其关
心整个人类生存和发展的命运,理论的出发点和严谨的态度是真诚和正确
的。可以说,反对战争和核军备,保护生态平衡,反对法西斯主义、军国主义、
争取和维护全人类的世界和平,不仅是西方绿色政治理论的最终目标,也是
全人类的呼声和愿望。西方绿色政治思想对当代资本主义生产方式和生活
方式的判断与反思,对于我们从深层次上看清资本主义制度的实质和现实
命运,具有重要的理论和现实意义。绿色政治思想提出,要实现全社会的正
义和公平,反对资本主义劳动异化和消费异化,是正当并值得人们欢迎的。

高兹生态政治思想产生的时间与西方的绿党的诞生正好在一个时期,
高兹本身也积极参与了西方生态政治运动,如反对核电运动。高兹不仅参与

---

① [美]弗·卡普拉、查·斯普雷纳克:《绿色政治——全球的希望》,东方出版社,1998年,第
329页。

实际的行动,而且还提出了批判资本主义的核电理论,高兹提出的建立生态社会要发展分散的、小规模的生态技术和要实现社区自治等思想,无疑是受到了西方绿党思想的深刻影响。

第二章　高兹生态政治思想的
主要内容

　　高兹生态政治思想是在批判资本主义的基础上开始形成的,他指出当代资本主义不可能解决生态危机。高兹通过批判资本主义实施的经济理性,深刻揭露了资本无限扩张的生产逻辑必然导致对人和自然的双重剥夺,最终造成资本主义生态危机。高兹对资本主义批判最尖锐、最系统、最深刻。高兹在深刻批判了主导资本主义社会的经济理性的同时,把对资本主义的批判和对资本主义的科学技术、医疗和劳动分工的批判紧密结合,高兹提出资本主义制度下的科学技术、医疗和劳动分工内含着资本主义的生产关系,受资本的控制,这一观点进一步发展了马克思主义和法兰克福学派的思想。高兹还对资本主义的教育体制给予了深刻的批判,高兹指出,资本主义的教育作为资本主义的一个组成部分具有明显维护资产阶级统治的功能。

第一节　高兹对资本主义的批判

一、高兹对资本主义经济理性的批判

高兹指出,经济理性是资本主义理性的核心和基础,批判资本主义必须从批判资本主义的经济理性开始。不批判经济理性,就无法从根本上批判资本主义。高兹深刻把握了这一点,其在《经济理性批判》一书中全面系统深刻地批判了资本主义的经济理性。高兹指出,追求利润最大化是资本主义经济理性的本质和逻辑,经济理性是人类理性的资本主义发展阶段。经济理性在资本主义社会得以完美体现,可以说资本主义就是经济理性的化身。"它无情地斩断了把人们束缚于天然尊长的形形色色的封建羁绊,它使人和人之间除了赤裸裸的利害关系,除了冷酷无情的'现金交易',就再也没有任何别的联系了。"①经济理性支配着整个资本主义社会,经济理性与工具理性在根源上是一致的,都是为维护资产阶级的政治经济统治。在实质上,经济理性的逻辑是追求"越多越好"。经济理性并不是万能的,经济理性有其自身的界限。高兹指出,经济理性不仅在本体论上存在着界限,而且在存在论上也存在着限度。如果经济理性被不理性地使用,逾越这些界限就会变为非理性。高兹深刻指出,现代资本主义使经济理性过度膨胀,经济理性表现得越来越不理性。资本主义经济理性的非理性扩张,必然带来资本主义的生态危机和社会危机。这些危机的产生和解决,势必导致资本主义经济理性危机。

---

① 《马克思恩格斯选集》(第一卷),人民出版社,1995 年,第 274 页。

　　高兹通过对资本主义的经济理性进行批判,深刻揭露了资本生产无限扩张的逻辑,必然导致对人和自然的双重剥夺,最终造成资本主义生态危机和社会危机。高兹通过对资本主义生态理性的深刻批判,指出了以经济理性为主导的资本主义制度的反生态性和反社会性。高兹在批判资本主义经济理性的同时,也进一步指出了被经济理性支配的资本主义的意识形态所推崇的享乐主义和消费主义对生态环境的破坏。高兹指出,今天的资本主义生产已经不仅仅是资本主义商品的生产,而同时是消费者的生产;是消费者消费欲望的生产和消费激情的生产。资本主义只有在生产出一批批有消费欲望和激情的消费者之后,资本主义的商品才能卖得出去,资本主义商品生产的目的才能实现。享乐主义和消费主义已经成为当今资本主义社会的一种意识形态。

（一）经济理性的内涵

　　高兹在其著作《经济理性批判》中提出存在两种理性。一种是经济理性,就是以利润最大化为目标的理性,在这种理性的支配下造成了生态危机和社会危机,这种理性是资本主义的理性;另一种是生态理性,就是以生态和谐为目标的理性,这种理性有利于人的自由全面的发展,这种理性是社会主义的理性。

　　高兹指出,资本主义的经济理性是指以计算和核算为基础,通过计算机和机器人的应用,把由于劳动效率提高所缩短的劳动时间尽一切可能加以利用,让其生产出更多的剩余价值。"机器自动化和计算机化内在具有经济合理性,具体来说,就是它以最大可能发挥生产要素的有效性,以满足社会经济需求为根本特点。……此种经济合理性的目标是使生产要素发挥更多的经济效益,它要求用易操作的度量单位标准来对生产要素进行有效的衡量、算计和谋划。"①高兹认为,资本主义经济理性的逻辑是追求效率至上和利润第一,它随着资本主义的发展而不断得到扩张。在前资本主义社会中特别是农业社会中,经济理性并不占支配地位,人们自由支配需求和生产的限度,奉行"知足常乐"和"够了就行"的原则。而在经济理性主导的资本主义社会中,生产的目的是为了交换,追求的是"越多越好"。

资本主义经济理性使利润成为衡量生产的客观标准,"挣钱带来的满足与从事功能性的工作导致的自由的丧失相比更重要。在很大程度上,获得收益成为资本主义社会人活动的首要目标,任何最终不能获得经济补偿的活动都被终止。金钱取代了其他价值而变成了它们的唯一尺度"②。资本主义经济理性主张生产规模越大越好、消费越多越好的原则,不断激发人的贪欲,这势必带来自然资源的肆意破坏,追求高额利润。高兹借用哈贝马斯的"认识-工具合理性"指出:"经济理性,作为'认识-工具合理性'的一种特殊形式,它不仅错误的扩展并导致了不可行的制度行为,而且使资本主义社会内在一致、教育和个人社会依赖非常理性的结构被'殖民化'、异化和毁坏。"③

总之,资本主义经济理性是支配资本主义社会运行的基本理性。资本主义经济理性要求人们参与经济活动,首先必须会计算、会核算;以追求利润最大化为核心,奉行金钱至上,在消费上追求消费越多越好的原则。总之,资本主义经济理性在本质上是一种追求利润最大化的逻辑,它随着资本主义的发展而不断得到扩张,资本主义是经济理性最好的表现形式,资本主义经济理性在根源上与资本主义工具理性是内在一致的。

---

① André Gorz, *Critique of Economic Reason*, London and New York, Verso, 1989, pp.2–3.
② Ibid., p.46.
③ Ibid., p.107.

(二)经济理性的危害

资本主义经济理性的非理性扩张,使人类的理性被工具理性盘踞,使生活世界"殖民化",必然造成人的意义和价值的丧失,导致主体的死亡。"资本主义社会过去和现在都是这样的社会的唯一形式,这样的社会以最大限度地提高生产率和利润为目标,使竞争成为它的第一法令,不懈地追求把社会、教育、劳动、个人和集体的消费纳入资本最大可能的物价稳定措施的服务中。因此,扩张了经济理性的统治,经济理性借助于市场的逻辑在生活和工作的所有领域毫无限制地表现自己。"①

资本主义经济理性主导的资本主义的生产过程就是毁坏自然资源制造生态危机的过程。资本主义经济理性的非理性扩张,导致经济理性主导整个资本主义社会,带来了资本主义经济理性的非理性,导致不仅经济的增长以牺牲环境和资源为代价,而且以透支子孙后代的福祉换来虚假繁荣,这还不能使人的真正需要得到满足。

高兹通过其确立的以生态和谐为目标的社会主义生态理性与资本主义的经济理性的对比,来批判了资本主义的经济理性。高兹指出:"生态理性使我们认识到人们的经济效率是有限的,生态理性建立在超经济的基础上。经济理性告诉我们超过特定的限度,试图克服经济上相对贫乏的努力却造成了不可克服的、绝对的贫乏。总的回报是负的,生产导致的破坏比生产带来的收益更多。当经济活动毁坏了自然生态系统的平衡或摧毁了永不恢复、永不再生的资源时,这种负数现象就会来临。"②高兹提出的社会主义生态理性要求,摒弃了资本主义高生产高消费的模式、注重提高生活内在质量,把经济理性限制在一定的范围之内,并使它从属于生态理性。"生态理性存在于,

---

① André Gorz, *Capitalism, Socialism, Ecology*, London and New York, Verso Press, 1994, p.39.
② André Gorz, *Ecology as Politics*, Boston, South End Press, 1980, p.16.

在满足人们的物质需要时,是通过以存在的可能的最好方式,提供在数量上尽可能少、使用价值和耐用价值尽可能高的物品,从而以最少化的劳动、资本和自然资源消耗来生产这些物品。"①"更少地生产,更好地生活"是高兹对生态理性主导社会的形象概括。高兹提出:"从总体来看,经济的生产力原则与生态的资源保护原则是截然不同的。生态理性是以尽量少的劳动、资本和自然资源投入,采取尽量好的生产方式和手段,尽量赋予产品更高的使用价值和耐用性来满足人们的物质需要。相反,经济理性把利润最大化建立在生产效率、消费和需求最大化的基础上。只有通过这种最大化的消费和需求才可能使资本获得增殖的回报。结果是在企业层面上,追求生产率最大化导致整个经济领域浪费日益严重。"②高兹指出,从生态理性看来是对资源的和环境的破坏活动,从经济理性来看却是增长的来源;从生态理性看来是节俭的措施,如生产耐用消费品、阻止疾病的发生、降低能源和资源消耗,从经济理性来看却造成了国民生产总值的减少,是宏观经济损失的源头。经济理性支配下资本主义的生产必然导致无止境地消耗自然资源,最终造成生态危机。

高兹不仅指出了在经济理性主导下的资本主义社会使人与自然的关系紧张,产生生态危机;而且还提出了经济理性导致的使资本主义人与人、人与自身的关系紧张,形成的资本主义的社会危机。因为在经济理性主导的资本主义商品社会,导致了人们崇尚金钱万能,忽视对人生价值和意义的追问和追求。高兹指出,生态理性"既不能被人们的急迫的物质利益需求所辩护,也不能被分裂的社会内耗来辩解。相反,由自发的无利益诉求动机的结合起来的个人以社区居民的关系居住、团结、互相援助和义务合作的这些行为,只能处于这种社会系统和经济理性的边缘。同样,许多我们生命攸关的需求——未被污染的空气和水、避免工业发展而受到保护的地区、免于化学掺

---

① ②　André Gorz, *Capitalism*, *Socialism*, *Ecology*, London and New York, Verso Press, 1994, p.32.

杂的食品和非暴力的照顾——只有反对这个系统中的理性，通过一个不平等和经常用暴力来反对国家官僚或工业大机器的斗争中才能得到改变"①。

高兹指出,表面看来经济理性是强大无比的,但人们的生活中很多需求却是经济理性无法满足的,同时很多社会危害又是经济理性所带来的。高兹指出:"简而言之,资产阶级主张一维简化论经济理性主导资本主义将有潜在地解放的意义,因为它清除了从经济观点看来是不合理的所有价值和目的,在个体之间只留下金钱关系,在阶级之间只留下权力关系,在人与自然之间只留下工具关系,这样势必导致完全被剥夺的工人无产阶级产生,他们沦为劳动力的交换者,他们任何的特殊利益都被剥夺了。"②高兹在《经济理性批判》一书中,直接引用了马克思和恩格斯在《共产党宣言》中的论述:"资产阶级在它已经取得了统治的地方把一切封建的、宗法的和田园诗般的关系都破坏了。它无情地斩断了把人们束缚于天然尊长的形形色色的封建羁绊,它使人和人之间除了赤裸裸的利害关系,除了冷酷无情的'现金交易',就再也没有任何别的联系了。它把宗教虔诚、骑士热忱、小市民伤感这些情感的神圣发作,淹没在利己主义打算的冰水之中。它把人的尊严变成了交换价值,用一种没有良心的贸易自由代替了无数特许的和自力挣得的自由。总而言之,它用公开的、无耻的、直接的、露骨的剥削代替了由宗教幻想和政治幻想掩盖着的剥削。"③高兹认为,马克思对资本主义生产方式的批判就是对资本主义经济理性的批判,马克思的批判是最深刻的批判和最彻底的批判。

针对资本主义经济理性的危害,高兹进一步指出,在当代资本主义社会中被战后工业化所废除掉的新"奴隶阶级"再次出现。高兹指出,由于战后资本主义科技革命带来了生产力水平的极大提高,社会必要劳动时间越来越

---

① André Gorz, *Critique of Economic Reason*, London and New York, Verso, 1989, p.99.
② Ibid., p.19.
③ 《马克思恩格斯选集》(第一卷),人民出版社,1995年,第274~275页。

短,满足社会的需要不再需要那么多的社会劳动,人们的"闲暇"时间越来越多。但因为资本主义社会的经济理性仍然起主导作用,"越多越好"依然是追求的目标,这势必造成对减少社会必要劳动时间后带来的多余时间加以不平等分配。一部分人不断地被排斥在主流经济活动之外,处于失业和半失业的状态;而另一部分人从事现在的或更好的工作,他们收入更高,由此社会日益两极分化。现代社会中的知识密集型和劳动密集型的收入日益地两极分化、"技术鸿沟"和"信息鸿沟"不断拉大。高兹指出:"工作在经济领域的分配不均,加上技术创新创建的空闲时间分配不均。从而导致了一种情况,即其中一部分人是能够购买另外一部分人额外的业余时间,而后者则降低为前者的服务者。这种类型的社会阶层不同于按照阶级标准划分的阶层。通过与后者的对比,它不反映在经济运作的内在规律系统对资本经理、公司经营者和低薪工人的同样多的客观要求。对于至少那一部分提供个人服务的人来说,这个社会分层意味着隶属关系和一部分人依赖于他们服务的人。一个曾被战后工业化废除的'奴隶的'阶级再次出现。"①

高兹还进一步分析了经济理性的根源。"我想表明经济理性和'认知-工具理性'有共同的根源,根源是(数学)形式化的思维,把思维编成技术程序,使人们的思维孤立于任何可能的反思性自我考察和对生活经验的肯定之外。技术化、异化和货币化的关系在这种思维的技术中有其文化上的锚地,在这种技术思维的操作功能中由于没有主体的参与和主体缺席从而无法解释他们自己。这是这个冷酷的文明如何能够组织起来的原因,其冷酷、功能化、计算化和形式化关系,使生活中的个人变成面对这个物化世界的陌生人,虽然他们产品的强大创造性技术不断发展,但与之伴随的是生活艺术、沟通和自发性的下降。"②在资本主义经济理性主导的资本主义社会,人日益

① André Gorz, *Critique of Economic Reason*, London and New York, Verso, 1989, p.6.
② Ibid., p.124.

沦为经济的动物,人日益成为经济单向度的人。

(三)超越经济理性

高兹不仅对资本主义经济理性进行了深刻的批判,而且还提出了超越资本主义经济理性的路径。资本主义经济理性的非理性使用造成了深层次社会危机,必须给经济理性划定一个界限,发展社会主义生态理性。高兹明确指出:"从经济和商业理性中解放出来变得日益可行,但它只能通过实际行动显现其可行性才能成为现实。"①

首先,打断经济理性原则"更多更好"之间的联结,使"更少"与"更好"联系起来。高兹认为"更多更好"是经济理性的原则,要超越经济理性的桎梏必须破除"更多更好"的原则。高兹提出:"人们要通过发现更多并不一定意味着更好、收入和消费更多并不一定会实现更好的生活,有比工资更重要的需求时,人们便可以摆脱经济理性的控制。"②高兹指出,需求对于雇主、社会制度和资本主义生产关系是非常重要的,同时也是非常危险的,因为它们意味着激进的挑战。增加工资,事实上,它是唯一不破坏经济理性的要求。它符合"更多更好"主要原则,与量化的价值观保持一致。对工作时间、工作强度和工作的组织和性质有影响需求,在另一方面孕育着颠覆性的激进主义:它们不可能由金钱满足,它们通过经济理性按照资本的力量打击经济理性的要害。"当人们发现,并非所有的价值都可以量化,钱不能购买一切,金钱不能买的是某些必不可少的东西,或者是根本必须的东西时,'以市场为基础的秩序'就从根本上受到挑战。"③

其次,发展生态理性,使社会主义生态理性成为主导社会发展的理性。经济理性主导的社会不仅带来生态危机,而且还带来社会危机,因此必须控

---

① André Gorz, *Critique of Economic Reason*, London and New York, Verso, 1989, p.223.
②③ Ibid., p.116.

制资本主义经济理性。高兹指出："生态理性存在于,在满足人们的物质需要时,是通过以存在的可能的最好方式,提供在数量上尽可能少、使用价值和耐用价值尽可能高的物品,从而以最少化的劳动、资本和自然资源消耗来生产这些物品。"①"更少地生产,更好地生活"是高兹对生态理性社会的形象概括。经济理性支配下资本主义的生产必然导致无止境地消耗自然资源,最终造成生态危机和社会危机。资本主义经济理性的非理性应用实际上是"不理性",而社会主义生态理性才是适合社会发展真正的理性。社会主义生态理性摒弃把过度消费与幸福满足直接联系在一起的经济逻辑,认为过度消费不是快乐之源,只有在自主的、创造性的劳动中人们才能体会到真正的喜悦与快乐。因此,为了避免生态危机和社会危机,就必须克服资本主义经济理性的局限性,发展社会主义生态理性。从根本上,高兹指出发展社会主义的生态理性是克服资本主义经济理性局限性的必然出路。因此,必须用社会主义来替代资本主义社会,只有这样人类社会才能真正超越资本主义经济理性,实现社会主义生态理性驾驭资本主义经济理性,生态理性主导的社会才能实现。

二、高兹对资本主义技术的批判

经济理性与工具理性在本质上是一致的。高兹在对主导资本主义社会的经济理性批判的基础上,又对资本主义社会所使用的科学技术给予了深刻的批判。高兹指出,社会选择不断地以技术选择为幌子强加给我们,这些技术选择正赤裸裸地成为社会唯一可能选择,而不是必要的、最高效选择。资本主义仅仅发展这样的技术,因为这些技术符合资本主义逻辑,适合资本

① André Gorz, *Capitalism, Socialism, Ecology*, London and New York, Verso Press, 1994, p.32.

主义持续统治。高兹认为，技术并不是中性的，技术反映并且决定生产者和他们产品的关系、工作者和他们工作的关系、个人和社会关系、人和环境关系。对不同技术的斗争和对不同的社会斗争是必不可少。因为不改变技术，社会的变革将依然是外在的和幻觉的。"技术不是一种命运而是一个斗争的舞台，它是一个社会的战场……在它上面人们讨论并决定着文明的选择。"①

(一)对核电技术的批判

高兹作为当代法国左翼生态政治思想家，其在1975年就以法国核电技术为案例，深刻批判了资本主义核电技术，并对当代资本主义滥用核技术给予了尖锐的批判。高兹对资本主义使用的核电技术从技术、经济、生态和安全方面进行了深刻分析和批判。高兹指出，尽管核电可能会损害到每一个人，但核电使资本获利丰厚，因此资本主义采用核电技术是与资本主义独裁体制相一致的技术法西斯主义(technofascism)。

1.核电技术是"资本的圈套"

核电的开发和利用绝非偶然，它是特定时代与特定制度相结合的产物。二战以后，由于西方工业化的迅猛发展，环境恶化和能源危机纷至沓来，特别是1973年世界石油危机的首次爆发，使西方大国日益关注核电技术的开发与利用，以替代传统石油能源。虽然巨大的核风险在理论和实践上并没有消除，但这并没有抵挡住资产阶级获取巨额利润的诱惑。法国政府于1974年批准了核电计划，对此高兹指出资本主义安排政府消费这一特别的商品，其唯一的目的就是获得巨额利润。高兹指出："估计从现在起到这个世纪末(2000年)，3500个核反应堆将在世界上建造，将花费2万亿美元。在25年内这些反应堆将是过时的，而新的无疑更复杂和更昂贵的反应堆将必须又

①　Andrew Feenberg, *Questioning Technology*, Routledge, 1999, p.15.

被建成。对一个史无前例的大量获利资本来说，这是前所未有和长期的机会。"①高兹不仅认为在资本主义世界里核电技术受资本支配与控制，而且核电已经成为资本家财团扩大他们在全球霸权的重要工具。"高级资本主义的最富机会在于消耗和摧毁免费资源再以复杂的手段生产它们，然后以产品和服务的伪装形式推销给人们。"②核电项目就以这样的方式保持了资本循环并使资本获得超额利润，尽管它以可能会损害到我们每一个人为代价。

针对核电提倡者来说，在能源缺乏的情况下如没有核工厂，人们将面临生活水平的降低和更多失业。高兹对此进行了针对性批判，指出这是完美的圈套，其观点所依据的三个预设前提完全错误。

首先，"核电取代石油可以提高生活水平、增加就业"是错误的。根据福特基金发表的关于核电的研究报告，高兹指出："以零能源的增长为基础的发展，将比以增加能源消耗的发展带来更多各类职业就业人数的增长。福特基金会的大量研究在不经意间表明这一点。"③高兹根据福特基金会的研究发现，核电仅仅在与同用油生产电时相比成本才廉价，而一旦把它用于替换在工业熔炉、公共建筑物和私人家庭中加热系统的油，产生一个电核热量单位的成本将是油的 2~3 倍。因此，用核电代替油并不能提高生活水平，相反是降低了。当下，核电技术虽已换代，但在经济上只有在油价高涨时才有经济效益，而一旦发生核事故将面临巨额甚至天文数字的赔偿。中国核电行业协会理事长张华祝指出："核电要想在经济性上彻底站稳脚跟并不是一件容易的事，核电的经济性也面临巨大的挑战。"④另外，高兹指出在核电工厂及其复杂的管理机制之下工作的人们容易产生压抑和不安的情绪，生活于紧

---

① André Gorz. *Ecology as Politics*, South End Press, 1980, p.99.

② Ibid., p.113.

③ Ibid., p.111.

④ 国家原子能官方网站：《促进我国核电可持续发展需特别关注五个问题》, http://www.caea. gov.cn/n16/n1223/49486.html, 2008–06–18/2011–8–28。

张之中。

针对大量能源的浪费,高兹强调:"为了提高我们的生活水平我们必须集中主要的投资在节约能源上,而不在生产上。"①他还进一步指出,要提高生活水平必须集中投资用于和核电不同的现有可用能源和更好的利用可再生能源上,只有这样生活水平才会有很大提高。在节能投资上,与需要的资金相比需要更多的劳动,它是一种小的、分散的和地方化的投资,它不仅能减少对环境损害,还将创造更多的就业机会。只是节能投资要求投入更多的人力劳动而不是资金,资本获利少,所以资本主义对这种投资不感兴趣。

其次,"核电是唯一能够替代石油的能源"的论断,不符合事实。高兹认为"核电是唯一能够替代石油的能源"的论断不符合事实。高兹以法国公布的数据为例,指出事实上法国的核电项目并没有减少法国碳氢化合物进口,只是保持在原有的水平。相反,如果呼吁停止核电计划,并首先投资在地热和太阳能加热等能源上,那么石油的消耗也可以稳定在现在的水平。高兹指出,利用太阳能将不仅仅用于加热,而且具有替代其他能源的优势,尤其对小的、分散单位的能量生产,是一个完全可以实现的发展规划。因此,核电是唯一能够替代化石燃料的观点不符合事实。依靠地热和太阳能的轻技术(light technologies),具有代替石油的广阔前景,但是这些技术发展具有完全不同的经济性质,带不来超额剩余价值,因而资本家集团对其没有兴趣。

最后,"核电技术可以摆脱能源危机"的说法是自欺欺人。高兹指出,控制核电的资本利益集团,鼓吹"核电技术可以摆脱能源危机",同时通过"扩大能源危机"的宣传来推广核电。高兹对此进行了分析和批判。根据法国里昂大学一个由大学教授和工程师组成的"第欧根尼"(Diogenes)组织的研究,

---

① André Gorz, *Ecology as Politics*, South End Press, 1980, p.111.

到 20 世纪末法国的核电计划消耗的能量将比它产生的多。该组织的研究表明许多成本被忽略,这些成本包括:电力分配网络的成本、浓缩铀工厂的费用、核电站本身的能源成本、新的公路费用、再加工处理厂的成本、培训教学以及研究机构惊人的沉重代价等。"在建的 7 个核电厂每年的能量消耗和将来 4 个核电厂全面开工时生产的能量一样多。"[①]"第欧根尼"研究指出,采用核电的明显理由是我们没有解决能源危机,但核电却因此继续夸大能源危机。"一个自我吞噬的怪物,为其自己的利益而生长,人为地膨胀能量生产的总额,核电变为越来越复杂、越来越发狂的社会最高成就,但是它提供给个人的却越来越少。"[②]

2.核电技术受资本主义政治逻辑支配

首先,技术选择上的独裁主义。核电的政治逻辑是独裁主义,核电决策的过程不公开,选择核电是政治独裁的结果。高兹指出,核电是由非常喜欢"大机器"(big machines)并通过精心掩盖工程师技术参数的政府官僚提出的,决定核电项目这么重大的事件不在公众中展开公开辩论和投票表决。在议会中的辩论徒具形式,只是给"专家统治论的决定"(technocratic decisions)的政策穿上"荒谬的合法性"(ridiculous legitimacy)的外衣。当时,高兹针对法国决定实施核电项目指出:"这个计划是一个政治选择,与法国资本主义大公司的战略一致。"[③]资本主义"研究和创新的主要目的是为了抵消利润率下降的趋势,并创造新的投资获利机会"[④]。巨大政治和财政兴趣决定了实施核项目,决策的过程是被操纵的。据称,"公平"的科学家明确支持这一选择,"公众"也那么说,每个受邀人向专家的见解屈服,给专家们以信任。所有的反对声音都被当作愚昧无知而被抛弃,任何向往民主和大众控制的倾向都

---

①② André Gorz. *Ecology as Politics*, South End Press, 1980, p.112.

③ Ibid., p.100.

④ André Gorz, *The Division of Labour*, The Harvester Press, 1978, p.164.

被以复杂问题专属于技术专家的借口而被漠视。科学家们通过仔细调查并愤慨地指出了许多支持原子能论据的偏颇、错误及谎言：对事故风险的分析基本上是武断的；反应堆的主要安全机制从没有被证明是可靠的；废料的存储是一个尚未解决的难题，在工业方面尚未找到有效可靠的方法；与官方发布的信息相反，就生产 1000 兆瓦电能而言，当核电用于私人或者工业加热时它将不能节省 150 万吨燃油等。"从一开始核选择就被描述为与民主互不相容。"①科学家之间的争论和专家之间的分歧已经向公众展现了专家们没有绝对的权威，核电计划的实施是资本主义的政客、技术官僚和资本家寡头，是少数人的独裁决定。

其次，全核社会是一个技术专制社会。资本主义政府借口"保护核安全"而加强对社会的控制，资本主义核电技术的倡导者宣称："就我看来建造很少的核电厂是必要的，因它们规模庞大，只要安装在特别地点并控制在一种类似于军事管理模式之中就行。"②资本主义假借技术合理性的外衣不断加强对广大人民的控制，并导致独裁主义。对独裁的倾向始终是生产的资本主义体制所固有的，每家核工厂的入口都应该刻上这样的铭文：民主、自由和人权在这里被终止。"全核社会是一个充满警察的社会。在这样一个以能量选择为基础的社会中，人们连最起码的自主权也不可能拥有。"③核电社会创造了一种新的军事化技术员的特殊社会地位，他们像中世纪的骑士一样服从其固有编码和他们自己的内部阶层，具有普通法的豁免权和被授予投资、控制、监视和管理的广泛权力。"核骑士"（nuclear knighthood）的特殊使命包括：管理有几百台反应器的核工厂、训练和监督工人工作、监测和处理在工厂中存放的放射性废物、运输放射性材料和协调特别护卫舰、再加工分裂性材料、监督生产及人员、监测和处理转储核废料等。集中化的核电生产和分

---

① André Gorz, *Ecology as Politics*, South End Press, 1980, p.100.
②③ Ibid., p.109.

配,无论在技术和地理上,都将导致一个空前集权的中央政府,它使一种新的专制主义成为可能。"核骑士"身份涵盖数万成员,它将控制和监督数十万公民,以被核电技术要求的名义,作为一台军事仪器统治整个社会。

3.核电技术隐含着巨大的生态风险和安全隐患

资本的逻辑就是攫取利润,并把成本转嫁给整个社会。核电对资本来说是高收益的,而对整个社会来说却是高风险的。高兹指出核电技术包含着巨大的生态风险和安全隐患。由于核电技术本身的辐射风险高、利用难度大、技术要求尖端等特性,核电事故的出现是很难避免的,核事故始终是悬在人类头上的达摩克利斯之剑。

第一,核电生产的核风险。高兹根据科学家们的核电调查指出:"反应堆的主要安全机制从没有被证明是可靠的。"[1]"增殖反应堆是容易发生意外事故的,它的机制与原子弹完全一样。"[2]尽管发生核事故的几率很小,但一旦发生,后果不堪设想:它将向大气中排放巨量的放射性物质;放射性物质将会进入生物食物链;热污染、核辐射将会引起生物死亡、基因变异和人类的癌变等等;不论在空间上,还是在时间上,对生态环境将造成巨大的破坏。在日本福岛核电危机阴云不散的情况下,重读高兹这一论断,感慨颇多。

第二,核废料运输和储存的核风险。不仅在核电生产中易发生核事故,而核电生产中产生的核废料本身也是危险之源,目前还没有很好的处理方案,主要是储藏起来。在核废料的运输中,高兹指出法国每年都需要用特殊车队运载装有高度放射性核废料的大量铅桶,而且到达目的地总要花费几天,这意味着巨大核事故风险。在核废料的储藏上,"这些废物放射性热化很强烈,必须永久地冷却和保留它们在连续的监督之下——七个世纪!"[3]核废

---

[1]　André Gorz, *Ecology as Politics*, South End Press, 1980, p.101.

[2]　Ibid., p.107.

[3]　Ibid., p.108.

料始终是生态和安全的巨大隐患，为了解决一些短期问题我们要冒从长远来看完全不可能解决的问题之险。"别放在我邻居的后院"，使核废料存放地点的选择日益成为目前西方社会的一个热点政治事件。目前，在核废料的处置上，"核电站运行过程中产生的放射性废物、特别是长寿命、强放射性核废物的处置问题是世界性的难题"①②。核废料还没有什么好方法来处理，只能采用深度掩埋的方法，对未来仍是严重的隐患和威胁。当下，我国的核污染现状不容乐观，"据 2002 年的初步统计，国内现有各种放射源以每年 15% 的速度增长。由于维修和运行经费匮乏，安全管理问题日益突出"③。

第三，核事故始终是悬在人类头上的达摩克利斯之剑。无论核电设计多么完美，突发事件和人为错误总是会造成无法挽回的巨大损失，后果就将会是长期的和灾难性的。高兹根据科学家的调查指出，法国对核事故发生风险的分析基本上是不可靠的。控制核反应堆的主要安全机制从没有被证明是安全的。美国学者戴维·埃伦费尔德指出："情感判断正确地警告我们，人类设计的复杂的强大动力系统总会有事故发生。任何理性控制系统的引进，无论多么小心谨慎、技术多么高超，都不可能避免事故的发生。除非不再有核电厂或我们被毁灭，否则这条原理是不会改变的。"④一旦发生核事故将会造成不可逆的生态灾难，核事故造成的破坏无法估量。自 1954 年世界上第一座核电站在苏联问世以来，20 世纪发生的严重核事故就达 9 次。以 1986 年的切尔诺贝利事故最为严重。"乌克兰境内的切尔诺贝利核电站发生爆炸，给当地和国际社会造成危害是二战时期美国在日本的长崎、广岛投下的原

---

① 国家原子能官方网站：《促进我国核电可持续发展需特别关注五个问题》，http://www.caea.gov.cn/n16/n1223/49486.html，2008–06–18/2011–8–28。

② 时青昊：《20 世纪 90 年代以后的生态社会主义》，上海人民出版社，2009 年，第 166 页。

③ ［美］戴·埃伦费尔德：《人道主义的僭妄》，李云龙、张妮妮译，国际文化出版公司，1988 年，第 2 页。

子弹的 50 倍。"①"据统计,前后参加抢险的人员共计 7.5 万人,已有 5000 人死亡,3 万余人致残。据国际医学专家预计,遭受核辐射的人以及其后代,可能有 10 万人会患癌症。切尔诺贝利核电站附近 30 公里地区的草木和土地受到严重核污染,已变成了无人区。"②目前,日本核事故处理并没有结束,在世人面前活生生地再现了切尔诺贝利特大核事故灾难,其影响将是深远的。

4.技术转换是社会生态重建的基本前提

高兹传承了法兰克福学派"科学技术即意识形态"的观点,与霍克海默、阿多诺、弗罗姆、马尔库塞等对资本主义的批判一脉相承,深刻批判了资本主义所使用的科学技术。高兹认为,科学技术在经济制度中起基础性作用,"科学和技术并非意识形态中立,它们取决于资产阶级使用它们的目的和在资本主义制度中发挥它们功能的限度"③。科学技术反映并决定生产者与他们的产品的联系、工作者与他们工作的联系、个人与小组和社会联系及人对环境联系。"技术是一个矩阵,其中内嵌着权力的分配、社会生产关系以及社会分层分工。"④在资本主义社会中对自然的全部统治不可避免通过其实施的技术来实现并通过其技术最终导致对人的统治,正如马尔库塞在批判资本主义工业社会所指出的那样:"不仅技术的应用,而且技术本身就是对自然和人的统治。"⑤资本主义消灭不能强化现存社会关系的那些技术,即使这些技术对其所陈述的目标是合理的。政治选择不断地以技术选择为幌子强加给社会,技术合理性日益变成统治合理性。

正如马尔库塞所说:"连续不停的技术进步的动态,已经充满了政治内容,技术的逻各斯已经成为继续奴役的逻各斯。"⑥资本主义的技术选择正赤

---

①② 黎明:《核电站与核污染困扰当今世界》,《经济世界》,1996 年第 9 期。

③ André Gorz, *The Division of Labour*, The Harvester Press, 1978, p.165.

④ André Gorz, *Ecology as Politics*, South End Press, 1980, p.18.

⑤ H.Marcuse, *Negations: Essays in Ritical Theory*, Beacon Press, 1968, p.223.

⑥ [美]马尔库塞:《单向度的人》,张峰等译,重庆出版社,1993 年,第 135 页。

裸裸地成为人们唯一可能的选择,而不是必要的最有效率的选择。资本主义的生产和交换关系已经铭刻在资本主义馈赠给我们的技术之中。"科学和技术是受统治意识形态支配或者说对它没有免疫力。它们作为生产力,从属于这个生产过程并一体化,不可避免地会带有资本主义生产关系的特征。"①因此不改变技术,社会的变革将依然是外在的幻觉。正如新一代法兰克福学派代表、美国技术哲学家费恩伯格所说:"技术发展的不确定性把空间留给了参与这个过程的社会利益观和价值观。"②高兹指出,对不同技术的斗争是争取不同的社会的斗争的基础,国家的制度和结构在很大程度上是由它运用的技术的性质和力度决定的。因此,高兹认为:"工具转换是社会的变革的一个基本前提。"⑤

"工具转换"的核心思想是从技术合理化转向生态合理化。高兹强调,资本主义不断采用追求最大限度生产和最大限度消费的技术方式,势必日益引起资源的匮乏和能源的短缺,造成生态危机。这就必须要求发展新的生产技术和生产方法,从而建设义务合作、社区和个体自己决定且自由发展的新社会。高兹指出,技术革新不仅要服务于生态重建和生态合理化,而且必须提高劳动生产率、缩短劳动时间,使人们从异化劳动中解放出来。新技术将最大限度地节约资源和能源并减少消费,这种生态合理化的新技术将必须满足:第一,能使用和被控制在邻里或社区的水平;第二,能够促使地方和地方集体增加经济自治权;第三,不损坏环境;第四,与生产者和消费者对产品和生产过程联合控制的行动兼容。总之,新技术的"最高生产率和盈利能力的经济标准服从于社会的生态标准"④。显然,这违背了资本的逻辑,它不能

---

① André Gorz, *The Division of Labour*, The Harvester Press, 1978, p.165.
② Andrew Feenberg, *Questioning Technology*, Routledge, 1999, p.205.
③ André Gorz, *Ecology as Politics*, South End Press, 1980, p.19.
④ André Gorz, *Capitalism, Socialism, Ecology*, New York, 1994, p.32.

靠统治阶级来完成。高兹指出,只有新的技术被运用,新的社会主义主义制度才会被建立。新的社会主义制度与资本主义有着不同的技术选择。同时他强调:"如果新的社会主义运用与资本主义一样的技术,那它就与资本主义没有什么区别。"①

高兹对资本主义核电技术的批判是非常尖锐和深刻的。他深入分析了核电是"资本的圈套",符合资本的逻辑,是为资产阶级获取高额利润服务的。核电对资本家是高收益的,但对整个社会是高风险的。高兹深刻地指出了在资本主义社会中科技异化的根源在于资本主义制度本身,这与马克思主义观点是一致的。马克思指出:"技术的胜利,似乎是以道德的败坏为代价换来的。"②在资本主义社会中技术对人的异化并不在于技术自身,而在于技术的资本主义使用,技术对人的奴役根源于人对人的奴役。对现代科技异化的批判,不同的思想家有不同的思想。海德格尔从存在之思的角度指出:"技术之本质居于集置中。集置的支配作用归于命运。"③海德格尔认为,技术在本质上是人无法靠自身力量控制的,现代技术的进步强制规定并统治着当今的整个社会现实。一切存在者自身的独立性荡然无存,而沦为被摆置的持存物,人自身也被卷入其中而不能自拔。不是人操弄技术,而是技术操弄人,与社会制度无关。海德格尔主要是从人—技术的视角来剖析科技的异化,虽然这种技术观遮蔽了技术的资本主义应用中的资本逻辑,但深刻阐明了技术是人的存在方式和必然境遇。核电是现代技术的一个标志,核电是人类的必然命运。而高兹是从人—社会制度—技术的视角来分析技术的异化,强调了资本主义应用的技术中内含资本的意识形态。

---

①　André Gorz, *Ecology as Politics*, South End Press, 1980, p.20.
②　《马克思恩格斯选集》(第一卷),人民出版社,1995年,第775页。
③　[德]马丁·海德格尔:《演讲与论文集》,孙周兴译,生活·读书·新知三联书店,2005年,第25页。

高兹提出的技术转换是社会变革的一个基本前提，同时把技术分为社会主义的技术和资本主义的技术，这是一种典型的技术决定论，高兹把技术起作用的机制简单化，把技术的作用绝对化。马克思主义并不否认科学技术对社会发展有重要的推动作用，但认为这种通过技术的转换人类社会能自然而然地过渡到新的历史阶段，从而忽视生产关系和上层建筑变革必要性的观点，是不可能实现的。但高兹提出，核电带来的核风险及避免生态危机的出现必须大力发展生态技术的观点，对现实社会还是很有价值的。另外，高兹提出了面临能源危机时应集中主要的投资在节约能源上，而不是在生产上，虽提出了节约的重要性，但针对人们日益增长的现实需求而言，未免有些偏颇。因为不从根本上改变人们的生产和生活方式，能源的需求依然是与日俱增的，高兹充分强调了节约能源的重要性，还是很有启发的。

(二)对汽车大众化的批判

高兹把对资本主义的批判推进到资本主义所使用的技术的批判上，认为资本主义为了持续统治，发展符合其统治逻辑的技术。社会选择不断打着技术选择的幌子，这些技术选择成为唯一可能的选择，而不是必要的、最有效率的选择。高兹认为，技术并不是中性的，技术反映并决定着生产者和其产品的关系、工作者和其工作的关系、个人和社会的关系、人和环境的关系。高兹在1973年结合当时发达国家出现的汽车问题，对汽车大众化给予了深刻的批判，并探讨了解决城市汽车拥堵的方案。高兹分析了资本主义社会意识形态支配下汽车由少数人的特权奢侈品到大众化商品的发展过程，论述了汽车对人的异化、汽车制约汽车、汽车摧毁城市等一系列社会问题和矛盾；批判了资本主义解决交通问题的方式；指出了绝不能孤立地解决交通问题，必须把城市问题、劳动的社会分工以及划分生活为不同维度的方式结合起来，设计以人为尺度的城市，实现由社区结构维系的统一生活。

1.汽车由奢侈品到成为大众化商品

高兹指出："有关汽车最糟糕的事情就是，它们像坐落在海边的城堡或别墅一样：是为非常富有的少数人乐趣独享而发明的奢侈品，并且在构想和本质上，这种奢侈品从来就不是为大众而准备的。"①我们都知道奢侈品的本质就是它不能大众化，如果人人都拥有奢侈品，那么就没人会从拥有奢侈品那里得到任何快乐。汽车就像海边的别墅，只有在不被大众所拥有时，它才是值得拥有的，在某种程度上才是有益的。"这与吸尘器、收音机或者自行车等物品不同，即使每一个人都拥有这些物品，它们仍保持着自己的使用价值，这就是汽车在构想和原始目的上为什么是奢侈品的原因。"②迄今尚无人敢说，休假权利的大众化即意味着每个家庭都应拥有私人海滩别墅。因为"每个人都明白，如果在 1300 或 1400 万个家庭中，每个家庭仅使用 10 米的海岸的话，要让他们都拥有自己的那一份，这将需要 14 万千米的海滩！"③而海滩作为一种资源是非常稀缺的，如果使每个人都拥有自己的一份，那么将意味着把有限的海滩切割成微小的条条，从而把建在其上作为奢侈品的别墅紧紧地挤在一起，这样的别墅作为奢侈品其使用价值将荡然无存。"汽车难道不就像海滨的别墅一样也占用了稀缺的空间吗？汽车难道不就是在剥夺其他人（步行者、骑车者、电车和公共汽车司机）的用路权吗？当每一个人都使用自己的汽车时，汽车难道不就丧失了它的使用价值了吗？"④事实上，人们也感受到了汽车日益普及所带来的一系列问题。然而人们为什么如此喜欢汽车？汽车为什么没有被视作是反社会的奢侈品呢？

高兹提出，在资本主义社会中汽车大众化是资产阶级意识形态在日常生活上的绝对胜利，是日常生活被全面组织到和纳入资本主义的生产与消费的资本运动之中的结果。我们知道，资本的本性是追求利润的最大化，资

---

①②③ André Gorz, *Ecology as Politics*, South End Press, 1980, p.69.
④ Ibid., p.70.

产阶级以社会成本的最大化来换取其垄断利润和垄断地位。这种资产阶级的意识形态现在被赋予在每个人身上,它支持一种幻想,这种幻想就是每个个体都可以以牺牲其他所有人的利益为代价来寻求自己的好处。"就拿个别司机的这种残酷的、挑衅性的自私自利行为来说吧,在路上司机随时都像个马路杀手,其看上去就像其自身速度的实质性障碍。自从开车变得司空见惯以来,这种咄咄逼人的和争先恐后的自私自利行为标志着资产阶级行为方式的到来和形成。"①马克思早在《共产党宣言》中就已指出:"资产阶级除非对生产工具,从而对生产关系,从而对全部社会关系不断地进行革命,否则就不能生存下去。"②在资本运动中,汽车已成为资本主义生产的重要商品,以实现高额的资本利润为目的。销售的越多,生产的越多,资本获利就越大!在高兹看来,这就是汽车为什么没有被视为是反社会的奢侈品的根本原因。

2.汽车对人、汽车和城市的异化

高兹继承了马克思以及法兰克福学派的异化理论,深刻地揭示了汽车对人、汽车和城市的异化。

(1)汽车对人的异化

高兹尖锐地指出,汽车出现后阶级差别第一次被延伸到出行速度和交通工具上来。高兹指出:"当汽车被发明时,它是要提供给少数非常富有的人一种完全史无前例的特权:一种比其他所有的人出行都快很多的特权。"③在汽车没有出现的年代,不管是富人还是穷人,他们所乘坐马车的速度并没有什么实质的差别。富人的马车并不比农夫的马车更快多少,火车也以相同的速度运载着每一位乘客,在没有同汽车和飞机竞争之前,火车的速度没有快慢的差别。"直到本世纪(20世纪)之交,精英和大众的出行速度并没有什么

---

① ③ André Gorz, *Ecology as Politics*, South End Press, 1980, p.70.
② 《马克思恩格斯选集》(第一卷),人民出版社,1995年,第275页。

差别。而汽车要改变这一切。"①汽车拥有者表面上的独立性掩盖了其实际上根本的依赖性。起初,这种交通工具与普通工具截然不同,以至于对大众而言似乎是望尘莫及的。汽车与手推车、火车、自行车或马车等其他交通工具根本不具可比性,关于汽车神话的一个重要方面就是:人们在汽车里驾驶时却对其运行操作机制一无所知,其维修和养护也必须依靠专家。"这里存在一个关于汽车的悖论:汽车似乎会赋予它的主人以无限的自由,让他们可以随时随地地选择以等于或高于火车的速度出行。但实际上,这种表面上的独立性却是基于隐藏在背后的根本依赖性。"②与骑手、马车夫或者骑自行车的人不同的是,驾车者要在燃油供应以及最小的维修、发动机、润滑、点火装置和部件的更换上依赖经销商和专家。

和以往交通工具的拥有者不同,汽车车主和汽车的关系表现为车主是汽车的使用者和消费者而不再是拥有者和主人。汽车车主将被迫消费和使用仅仅由第三方提供的大量商业服务和工业产品。这样整个社会人口都会成为石油商的顾客。石油巨头最早察觉到可以从汽车的飞速发展中获利,石油产业已被资产阶级所垄断。如果人们受汽车的吸引而驱车旅行的话,为了让汽车跑起来他们就必须购买燃油。历史上第一次,人们的旅行将依赖于商业能源,这样有多少驱车旅行者就有多少石油工业的消费者。这样汽车的购买、维护以及使用,资本家都能攫取利润。

更糟糕的是,汽车发明出来是为了让它的主人随时随地以他们想要的速度去他们想去的地方,但在所有交通工具中,汽车却变得最为奴性、危险、不可靠和不舒服。汽车本身的颠簸、空间狭窄、交通事故的危险以及必须要集中精力驾驶,这就使得驾驶者的身体被汽车本身所控制;其眼、耳、手、脚都必须经过严格的训练从而才能及时做出准确的反应,而变换姿势、伸展身

---

① André Gorz, Ecology as Politics, South End Press, 1980, p.70.

② Ibid., p.74.

体的欲望都被压制了。汽车的负面效应给人们带来了对车祸和死亡的深深焦虑，以及人们在极力节约有限时间时却被困在蜗行的汽车长龙中的无奈和沮丧。汽车日益变成了压抑人、统治人的一种异己力量。正如马尔库塞所指出的那样，在资本主义的统治之下人们过的是"痛苦中的安乐生活"。他指出问题的关键是资本主义通过制造"虚假需求"，来实现"强迫性消费"。由于需求是"虚假需求"，所以满足也是"虚假满足"。人"为了商品而生活"，"他们把汽车、高清晰度的录音机，现代化的高级住宅，第一流的厨房设备作为自己的生活的灵魂"。①人和物的关系完全被颠倒了。

（2）汽车对汽车的异化

高兹指出，自从汽车成为奢侈品和特权标志以来，汽车就日益成为人们在社会生活中一个至关重要的必需品。人人必须得有一辆，现实生活即如此。"资本主义工业因此而赢得了这场游戏：多余的变成了必需的。"②再无必要去说服人们需要购买汽车了。随着越来越多的人购买汽车，大规模生产使汽车价格降下来了，于是人们纷纷感激万分地去购买汽车，但没有注意到是在被人牵着鼻子走。他们曾得到承诺拥有汽车就相当于拥有了一项资产阶级特权，而现在他们却看到其他所有的人都能得到这种特权。一种特权如果每个人都可以享有，那它还有什么好处呢？更糟糕的是，这导致了汽车与汽车的对抗。然而当我们看到"前杠贴后杠"的汽车长龙，在汽车尾气的浓密烟雾中以最快不超过自行车的速度缓慢前行时，汽车的好处还剩下什么呢？当公路上最快速度的汽车不得不受限于最慢速度的汽车时，汽车还有什么优势呢？

汽车正在毁掉汽车。曾许诺人们能更快出行的汽车产业最终却无情地

---

① Marcuse, H.*One–Dimensional Man*, Beacon Press, 1964, p.5.
② André Gorz, *Ecology as Politics*, South End Press, 1980, p.75.

终结了它的预言。由于道路的依次通过性,每辆车恰恰是不得不以行驶最慢的那辆车的速度前行,以受交通流动力学简单规律决定的那个速度前行。"即便自己留给自己十分充裕的时间,你也永远不会知道,交通瓶颈会让你什么时候到达那里。你注定要在公路上跑,就像火车注定要在铁轨上跑一样,你坐的火车的速度不是由你自己来定。"①高兹指出:"一般的碰撞就会引起全面的交通瘫痪。因为当每一个人都要求以资产阶级特权的速度行驶时,一切都陷于停顿,在波士顿、巴黎、罗马或者伦敦都一样,并且城市交通的速度大幅度下跌到低于马车的速度,在上下班高峰时间,开放公路上的平均车速要低于自行车。"②目前一些国际化大都市,往往是汽车拥有量最多的城市,同时也成为世界上车速最慢的城市之一。著名学者郑也夫指出:"如果一个城市只有几十人、几百人有轿车,轿车真是太好的交通工具了。因为别人都坐公交车,骑自行车,这个轿车就跑得飞快。当很多人都有车时,它就成了极笨拙的交通工具。"③

(3)汽车对城市的异化

汽车大众化使城市交通变得近乎瘫痪般拥堵,即使增加了城市高速公路、环城高速公路、高架桥、16 车道高速公路和收费公路的数量,但结果却总是一样。所有解决方案都已尝试过,结果全都是导致事情变得更遭糟。虽然投入使用的路越来越多,但是总会有越来越多的汽车把它们堵塞,并且只要城市存在,问题将依然不能解决。高兹指出:"不管超级高速公路有多宽多快,车辆总要下高速进入城市,车辆下高速的速度不会比城市街道上的平均时速更快。根据每天的特定时刻,只要巴黎市内平均时速在 10 千米~20 千米,就没人能在环城高速和高速公路附近,以超过 10 千米~20 千米时速下高

---

①② André Gorz, *Ecology as Politics*, South End Press, 1980, p.72.
③　郑也夫:《消费主义批判》,《书摘》,2008 年第 3 期。

速进入市区。"①所有城市都一样,在以大街小巷和林荫大道盘根错节的路网为特征的传统城市中,要以平均时速超过 20 千米速度驾车是不可能的。车速更快汽车的问世会不可避免地扰乱城市交通,造成更多的交通瓶颈,并最终致使交通完全瘫痪。

在城市中超过一定的汽车保有量,"汽车普及得越快,人们花费和浪费在路上的时间(过了某一时刻)就越多。这是一个精准的事实"②。如果汽车真的要大盛其行,仍有一种解决方案,那就是摆脱城市,也就是把城市沿着庞大公路网拉伸数百英里长,以便使城市变为由汽车公路连接的郊区。事实上,没人真正有所选择。买不买车你说了不算,因为新建中的城区是根据汽车的功能而设计,城市是汽车的城市,美国就是这样做的。高兹引用一份关于美国城市交通案例的研究,研究显示:典型的美国人一年要把 1500 多个小时(即每周 30 小时或每天 4 小时,还包括星期天)花在汽车上。这不仅包括无论是车在走着,还是停着的驾车时间,还包括买车、加油、换轮胎、公路付费、买保险、付罚单以及付税的时间。因此,这个美国人一年内花费了 1500 个小时走了 6000 英里,也就是其走 3.5 英里要花一个小时。

汽车浪费的时间比它节约的时间更多,汽车拉远的距离比它拉近的距离更远。城市和城镇都被拉解为永无尽头的公路郊区,因为这是避免居住中心交通拥堵的唯一方式。但是这种解决方案的负面作用是非常明显的:因为人们远离一切,最终他们不可能很方便的出行。为了给汽车腾地方,距离增加了。人们居住在远离工作地、远离学校、远离超市的地方——为了能开车购物和送孩子上学,然后一个家庭就需要再买辆汽车了。当然,你可以以 60 英里的时速赶去上班,但那是因为你住在离工作地 30 英里远的地方,并愿

---

① André Gorz, *Ecology as Politics*, South End Press, 1980, p.73.
② Ibid., p.72.

意拿出半小时来给最后的 6 英里。总的来说:每天的很大一部分时间都花在了去上班的路上。高兹指出:"这些城市的确是由汽车重构并且是为汽车而建造的。"①这些城市中零零散散的城区,沿着模式统一的公路向外延伸,这些街道是为尽可能快地驾车上下班而建的。你每天都经过这里,但你不居住在这里。

汽车使城市不宜居住。我们知道"城市,让生活更美好",它应是唯一值得居住的地方,现在却被认为是"地狱"。每个人都想逃离城市,住在乡下。为什么会出现这种逆转呢? 因为汽车使城市变得令人厌烦、嘈杂、窒息、空气污染和拥挤不堪;城市空间被不断扩建的马路、不断增加的停车位和维修厂所分割和损坏,林荫道、公园、绿地的必然减少,以致再也没有人愿意出去玩了。因此,自从汽车毁掉了城市,我们就需要更快的汽车从高速公路上逃离到更加遥远的郊区。多么"无瑕"的循环论证啊:给我们更多汽车,以便我们可以逃离由汽车造成的破坏。

汽车在城市规划和城市政策中已经取得了强势地位,汽车已重构城市。城市的郊区不断向外延展,居住区和工作区的分离,城市的拆迁与道路的拓宽,现代城市日益以汽车为中心。城市日益成为以汽车为尺度的城市,而不是以人为尺度的城市。这正是作为资本运动的汽车,按照资本逻辑发展形成的结果。

3.建设以人为尺度的城市

高兹在批判汽车带来的异化的同时,也批判资本主义解决城市交通问题方案,并提出了克服汽车异化的革命性的解决方略,即建设以人为尺度的城市。

---

① André Gorz, *Ecology as Politics*, South End Press, 1980, p.76.

（1）限制私家车，大力发展公共交通

公共交通的效率更高。高兹指出，首先要限制私家车，支持自行车、有轨电车、公共汽车和无人驾驶的出租汽车。只有限制私家车，才能为人们使用其他交通方式提供更多的、曾被私家汽车侵占的交通空间，才能鼓励和导引其他的交通工具被更多的使用。通过对在城市中使用私家汽车的惩罚，从而鼓励使用自行车、步行、乘公交车以减少使用汽车，以分流交通，提高交通效率，把人们引导到使用非机动化交通方式和公共交通中去。

（2）全面替代汽车，建设由社区结构维系的统一生活

为了让人们能放弃使用汽车，仅仅提供给人们更加舒适的公共交通是不够的。应该使人们出行可以完全不依赖交通工具。高兹指出，因为生活在出行不依赖交通工具的以人为尺度的街区、社区和城市，人们将会感到非常舒适自在。"人们将乐于步行去上班——从家到工作地完全可以走着去，如果需要话，顶多骑个自行车。"[①]再快速的交通方式和逃离手段，永远也不会抵消居住在一个不宜居住的城市所带来的苦恼，在这样的城市里没人会感到自在舒服，同样也不会抵消仅仅到城市去工作或仅仅在城里居住所引起的愤怒。建设适宜居住的城市社区，社区应该再次成为一个由全体居民参与并且为了人的活动所塑造的微观世界。"在那里，人们能够工作、生活、放松、学习、交流和休闲"[②]，他们可以使用适用于一座中型城镇的各种各样的交通工具；对到乡下去的稍长点的旅途以及对远方的来客，社区车库里联营的公用汽车可派上用场。汽车将不再是必需品。一切都将改变：社会、生活以及人们。

绝不能把交通问题仅仅看作是交通问题，必须要把交通问题与城市问题和劳动的社会分工问题相联系，与这种把生活划分成许多维度的方式相

---

①② André Gorz, *Ecology as Politics*, South End Press, 1980, p.76.

联系。"在一个地方工作,另一个地方居住,第三个地方购物,第四个地方学习,第五个地方娱乐。"①我们生存空间的这种安排方式继续分裂人们,这种对人的分裂方式始于工厂里的劳动分工。高兹指出:"资本主义的劳动分工是一切异化的根源。"②劳动分工把人切成了碎片,它把我们的时间、我们的生活,撕裂为分离的碎片,以至于在每一部分碎片中,我们都成了任凭资本家们摆布的被动消费者。因此,能够且也应该建设一个统一的整体:工作、文化、交流、娱乐、需求的满足和个人生活结合起来,即一种由社区社会结构维系的统一生活。"本顿·麦克凯(Benten Mackaye)论证过,快速的运输、安全的交通、居民的步行和完善的社区建设其实是同一件事的各个方面。"③高兹指出,从根本上消除汽车的异化,必须进行意识形态的革命,瓦解现存的资本主义制度。显然,这不能指望统治阶级来完成。

高兹对汽车的批判非常尖锐, 他深刻挖掘了导致汽车异化的资本主义根源。马克思指出:"技术的胜利,似乎是以道德的败坏为代价换来的。随着人类愈益控制自然, 个人却似乎愈益成为别人的奴隶或自身的卑劣行为的奴隶。"④马克思认为,技术对人的异化并不在于技术本身,而在于技术的资本主义应用,技术对人的异化根源在于人对人的异化,技术是中性的。高兹认为,资本主义的社会中"科学和技术是受统治意识形态支配或者说对它没有免疫力。它们作为生产力,从属于这个生产过程并一体化,不可避免地会带有资本主义生产关系的特征"⑤。科学技术并不是中性的。虽然马克思和高兹对科学技术的观点不尽一致, 但高兹对汽车的政治经济学批判是符合马

① André Gorz, *Ecology as Politics*, South End Press, 1980, p.77.
② André Gorz, *The Division of Labour*, The Harvester Press, 1978, Ⅶ.
③ [美]刘易斯·芒福德:《技术与文明》,陈允明等译,李伟格、石光校,中国建筑工业出版社,2009年,第211页。
④ 《马克思恩格斯选集》(第一卷),人民出版社,1995年,第775页。
⑤ André Gorz, *The Division of Labour*, The Harvester Press, 1978, p.165.

克思主义观点的。汽车就是这样,作为资本的产物,它是为资产阶级获取高额利润服务的。

对现代技术的批判,不同的思想家有不同的思想。海德格尔从存在之思的角度指出:"技术之本质居于集置中。集置的支配作用归于命运。"①海德格尔认为,技术在本质上是人靠自身力量无法控制的,现代技术的进步强制规定并统治着当今的整个社会。一切存在者自身的独立性荡然无存,而沦为被摆置的持存物,人自身也被卷入其中而不能自拔。不是人操弄技术,而是技术操弄人。人只有在思中,通过"思之虔诚"来进行拯救。海德格尔主要是从人-技术的视角来剖析科技的异化,虽然这种技术观遮蔽了技术在资本主义应用中的资本逻辑,但深刻阐明了技术是人的存在方式和必然境遇。汽车作为现代技术的一个标志,它是人类的必然命运。而高兹是从人—社会制度—技术的视角来分析技术的异化,强调了资本主义应用的技术中内含资本的意识形态。

从人类文明的发展历程来看,超越了农业文明的工业文明其突出的特点是,无论社会主义还是资本主义,都推崇物质至上,推行高生产、高消费,激发了人对物的占有欲和贪欲。工业文明就是通过技术的不断进步来实现物质财富的极大增长,科技对人的异化日益严重。工业文明推崇的唯物质主义,导致对人性的扭曲和对自然的剥夺。汽车,作为工业文明的象征,不仅满足了人的物质享受,而且使人和城市被异化、自然被剥夺。虽然高兹对汽车的批判并没有从人类开创的共有工业文明视角来分析,但高兹对汽车的政治经济学批判还是很有见地的。因为在一定程度上,工业文明就是资本主义文明。

---

① [德]马丁·海德格尔:《演讲与论文集》,孙周兴译,生活·读书·新知三联书店,2005年,第25页。

三、对医疗的批判

高兹在对资本主义批判的同时也对资本主义医疗工业展开了尖锐的批判，高兹运用马克思主义政治经济学的基本理论对资本主义的日常生活中的医疗进行了深刻的批判，论述了医疗、健康与社会三者之间的关系。高兹指出，资本主义利润逻辑主导之下的医疗使健康成为幻象，医疗工业在本质上是在生产疾病。对医疗治愈疾病的任何幻想无不使资本获得丰厚的利润。

（一）异化的医疗

高兹指出，资本主义文明引导人们消费，一方面造成破坏，另一方面又对这样的破坏进行修复。"破坏越来越严重，然而不管修复的规模与花费的代价如何，其效果却越来越弱。医疗卫生行业尤为如此。"[1]

高兹指出，现代资本主义社会最普遍的流行疾病——癌症、心血管疾病、风湿病等——都是由于经济高速发展所引起的变性疾病，这些病既无药可预防，也无药可治愈。尽管现代越来越多的精密医疗技术投入使用，而社会中患上述疾病的比例却在增加。"一切都表明这些疾病与我们的生活方式和环境相关，与资本主义文明不同的文明社会则不受这些疾病的困扰。"[2]"大夫越来越多而病人也越来越多。在过去大约十年的时间里，所有发达国家的人们死亡年龄越来越年轻且更宜患病。尽管医药在发展，但也正是因为医药的发展，此事仍在发生。"[3]

高兹指出，资本主义医疗不仅掩盖了疾病的社会原因，而且还鼓励人们

---

[1]　André Gorz, *Ecology as Politics*, South End Press, 1980, p.149.
[2][3]　Ibid., p.150.

依赖药物进行治疗。作为社会机构,医药行业的职责就是减少使病人不适应他们社会角色的症状。"通过把疾病治疗看作偶发的个体异常,医药业掩盖了疾病在结构上的原因,包括社会、经济和政治的原因。这已成为让我们接受不可接受之事物的技巧。"①同时,为了迎合"完美健康"这一虚构的想法,医药行业使人们相信健康是能够买来的。"每件器官、每一次生物学事件、生命的每一阶段、每一次感染,甚至每一次死亡,都必须有自己的专家,健康是依赖于对药物和医疗服务的消费, 因此通过鼓励病人以及健康人对医药的依赖,医药降低了疾病的标准还给工业化的生活方式添加了其毒副作用。"②高兹指出,与许多动物物种不同,我们人类并非完全适应自然环境。我们只有通过劳动,也就是通过我们对自然进行改造,才能求得生存。"因为这一事实,世上没有人类的自然王国;我们的健康与健康所依赖的生活准则都是文化的因素。健康对于我们远非是上天的恩赐,而是我们自身的努力。"③

当我们在经历青春期、老年、变故以及死亡的痛苦时,要保持健康就意味着要有能力对抗疾病。过度医疗防止或阻碍了个体的努力,致使病人数量倍增。"这就是伊里奇所说的结构性医源疾病,也就是疾病代际的结构性是由医药行业的制度化造成的。"④这种过度医疗并非过去十年中发病率持续上升的最根本原因。"更基本的原因或许要在这一事实中寻找——碎片化的雇佣劳动和市场关系摧毁了个人的自主性及关照自身生活、健康、疾病和死亡的能力。"⑤高兹指出,健康的基础是外于医学的,也就是"与人的工作、环境、社区相一致的。当我们的工作和生活看上去与精神无关又乏味时,我们更容易感到不适。这也是使社会致病的原因"⑥。尽管增加了发病率的客观因素(参照变性疾病),但它却破坏了业已存在的健康基础。

高兹指出,从革命性的观点来看,健康和健康问题必须去医疗和去医药

---

①②③　André Gorz, *Ecology as Politics*, South End Press, 1980, p.150.
④⑤⑥　Ibid., p.151.

化。健康和健康问题是卫生行业管辖的范围而非医生和医药机构。事实上，医疗是指由一群特殊的专业人士向人们提供系统化关照与治疗的体系。卫生是指为了保持或恢复健康，由人们自己遵守的一套综合全面的准则。"当医药知识成为大众文化的一部分时，它会带来诸如要洗手、净化饮用水、饮食多样化以及锻炼等的卫生实践。而这些东西才是对健康最起作用的。卫生与医疗之间的差别就如同大众文化与高雅文化的差别一样。"①据伊里奇的调查，全部有效医药知识的90%都存在于简单、便宜的治疗中，任何一个能读懂说明的门外汉，只要想知道，就都有这个能力。高兹指出，要恢复人们的抗病能力、身体和精神，必须让人们去谴责日常生活中致使人们生病的东西，如环境、空气、房产和水等。

在对社会标准化和对人的异化的所有手段中，医疗工业是最具影响的。"因为医疗工业侵犯了人们个体意志自由的最深根源——我们同自身身体、生命和死亡的关系。"②医药行业致使患病的人数比它治愈病人的人数还要多。在所有的行业中，医药行业是最浪费、最具污染和最易导致疾病的行业。"通过声称平息使人们越来越病态的一个个疾病，医药业掩盖了致使人们患病的较深层次原因——社会、经济和文化方面的原因。当医药业声称减轻人们全部的身心痛苦时，它却忘记了，归根结底，是我们的生活方式破坏了人们的身心健康。"③医药业本来是要帮助人们缓解病痛的伤害，结果却加重了这样的伤害。

"不管是专家还是门外汉，我们不都把人们平均寿命的迅速增加。耶稣在世时人们平均寿命是20岁，1750年人们平均寿命是29岁，1900年人们平均寿命是45岁，现在人们平均寿命是70岁，这种改变归因于医药的贡献吗？我们不都是普遍地把感染疾病的下降和寿命的延长归因于巴斯德和科

---

① André Gorz, *Ecology as Politics*, South End Press, 1980, p.151.

②③ Ibid., p.152.

赫,归因于免疫接种、化学疗法和抗生素吗?"①我们都曾经认为,人群的健康状况取决于该群人人均拥有的医生数量和医院病床的数量,以及他们所消耗的医疗服务和药品数量,这是不正确的。其实,医疗药品的功效一直以来都是有限的。疾病的出现和消失与诸如环境、生存状况、生活方式,以及卫生等因素有关。"霍乱与伤寒的消失以及类似的肺结核、疟疾、产褥热的消失并不是由于治疗过程,而是由于饮用水的处理和下水道的广泛应用、肥皂的使用、无菌棉球,以及剪刀被助产士和产科医生广泛使用。"②医生对这些预防性措施的发展有所贡献,但是直到卫生消毒(如其他情况下使用避孕措施一样)不再是医疗技术而成为公共行为时,这些措施才产生效用。卫生学不是医学,它从生活常规和环境的原始意义上就是为了保障健康卫生。

(二)致病的医疗

医源性疾病在医疗工业化时代出现。高兹指出:"有两种医疗行为可导致疾病:其一是,由大夫对病人的身体干涉造成(中毒、感染、致残、创伤);其二是,大夫带来的或导致的使不知自己患病的人们保持一种病人的行为——致人焦虑、自我敏感、恐惧压力、产生依赖的疾病。"③医疗和药物对疾病、怀孕、出生、性欲和死亡的侵入带来的健康医药化,已经毁掉了我们健康的根本基础。"我们掌控自己身体状况,自己面对破坏以及努力保持我们生物学存在的能力。"④"在美国的医院,每年仅因药物治疗而夺去的生命就有6万到14万人之多,并且致使350万病人病情或多或少的加重。"⑤在资本主义医疗体制下,人们已经彻底依赖于医药。因为在这个基本上容易产生疾病的社会的确已经造就了基本上病态的人群。健康专家远非探究疾病的更深

① André Gorz, *Ecology as Politics*, South End Press, 1980, p.152.
② Ibid., p.155.
③④ Ibid., p.158.
⑤ Ibid., p.159.

层原因，他们仅局限自己去追踪疾病以及独立的症状。他们提供的仅仅是减轻不适、掩盖疼痛、缓解焦虑、防止病情恶化。医药因此成为进行某种控制的技术惯例（仪式），而这种控制事实上是运用了"咒语"和"魔法"（以"建议医嘱""安慰疗法"等名义），并且比起牧师来，它更加侵蚀个人的自主性。

"医药化"了的人们不再被认为生病和恢复，长大和死亡是自然的事情。在我们的时代，没人会被死亡夺去生命，而是被一种本应该能有救的疾病夺去。你不再从疾病中恢复而是被治愈。在无限的疾患面前，不再有人健康，而是人们会被很好地照料、被很好地保护，并且人们时刻关注着疾患的迹象。医药，更多的是通过对健康问题的医药化而非对疾病的医药化，结果使人们患病，如果没有医药人们会认为他们很健康。说医药致人患病的数量比治愈的数量多，并非修辞方面的夸张。

高兹指出，医药业已经成为一个过渡增长的行业。资本主义的医疗已经掌控了与健康和疾病相关的一切，疾病和健康都成了他们的事。人们被鼓励去找"那些懂行的人"。疾病恢复、生理心理平衡已经不再被认为是传统意义上的生活艺术、品德和"卫生"的结果，而是不断的医药技术干涉的结果。"掌管着这种干涉的那些人就劝说人们，为了活着，幸免于疾患，康复，忍受病痛等，他们需要生存在一种赖以治疗的幻想中，其间他们被给予药品、被消毒、被镇静、被刺激、被调理和最终彻底被控制。"①

(三)健康的幻想

在资本主义医疗工业下，死亡连同疾病、健康和出生都一起医药化了。"有谁不是死于医院就属于非正常死亡，就必须成为法学或法医学检查的对象。为了遵守这一规则，你必须死于医院，并且在医院里，当然在医生的许可

---

① André Gorz, *Ecology as Politics*, South End Press, 1980, p.160.

下你才能死。你的死亡,就像你的疾病和健康一样,成了专业人士的事情。它不再属于你。"①当代的人们出生在医院,病了以后在医院里进行治疗护理,去医院检查看看是否身体健康,按照惯例被送到医院去死亡。我们最基本的自主权被这同样庞大的机器和庞大的机构(诞生于资本的集中和市场关系的扩展)所剥夺,这些机器和机构控制着我们的余生。

高兹指出,我们已然摆脱了自然的奴役,却又被更加糟糕和残酷的反自然所奴役。在这个过程中我们丢掉了健康。在一个产生疾病的社会里,健康同样也是一项政治任务。恰如当社会生活不再具有教育意义时,学校之类的专门机构就不能真正进行教育一样,当生活方式和环境有害于健康时,医药也不能提供健康。人类学家和流行病学家都深知这一点。人们患病并非仅仅因为外在和意外的原因,这些原因是技术手段可以处理的。人们最经常的原因,是因个人以及社会生活而患病。"医药在没有考虑疾病社会根源的情况下,宣称能治疗疾病,因此医药能具有的社会功能也是很不确定的。充其量它仅起到慈善事业的功能,其中大夫取代了牧师空出来的位置。而最糟糕的是它是一个产业,这一产业为了使各种毒药的生产者获得更大的利益,而鼓励病人继续他们不健康的生活方式。"②

健康和疾病的根源主要是社会原因。"疾病成了一些最有利可图产业的动力,创造就业机会,因此产生'财富'。健康产业的财富和病人的数量在国民经济核算中同步增长,而如果这些行业消失,它们应该是没有病人,这就会转化为国民生产总值的减少,将是对资本主义的一个沉重打击。总之,疾病是有利可图的,健康毫无利润。"③"没有人要求医生去超越独立个案,看到疾病的社会、经济和生态的原因。通过这种方式,医药正变成一个奇怪的'科

---

① André Gorz, *Ecology as Politics*, South End Press, 1980, p.164.
② Ibid., p.166.
③ Ibid., p.171.

学'，它细致地研究局部结构而没有考虑到它们所属的整个结构。"①

　　虽然治疗用具在飞速进步，使更好照顾感染传染病的人成为可能，但这并不是因为治疗的手段使流行病的数量和严重性减少了、有些疾病彻底消失了，以及其他疾病变得较不频繁和不严重。越来越多的人认为医疗秘诀能高效率地治疗疾病。与事实正好相反：当一种疾病丢失了它的地方性特征时，一种有效的治疗才有可能一成不变地取得成功。"疾病的治愈不能归功于有效的治疗，而是由于导致疾病的社会、经济、生态学和文化起因的消除。"②

　　高兹指出："医疗事实上是一个制度化的实践。这种制度的实践选择了科学知识的可能应用和知识，以便使它们与占主导地位的社会关系和资本主义社会主导的统治意识形态相匹配。"③

四、对劳动分工的批判

　　高兹指出，资本主义所使用的科学技术和实施的劳动分工，内含着资本主义的生产关系。劳动分工是与科学技术的发展紧密相连和内在一致。高兹在尖锐批判资本主义科学技术之后，也深刻批判了资本主义的劳动分工。对资本主义劳动分工的批判是对资本主义生态政治批判的重要支撑。在专著《劳动分工》前言中高兹明确提出："资本主义的劳动分工是所有异化的根源。"④马克思曾指出，劳动的资本主义分工使劳动者本身由人变成了物。智力在生产过程中被资本控制和使用，成为统治工人的异化的力量。工人从生

---

　① André Gorz, *Ecology as Politics*, South End Press, 1980, p.172.
　② Ibid., p.183.
　③ Ibid., p.184.
　④ Gorz, A.edited, *The Division of Labour*, The Harvester Press, Sussex, England, 1978, p.ii.

产全过程,到在局部的生产过程;生产中的工人由一个完整的人被迫成为一个局部的人。作为独立的生产能力,科学技术与劳动分离,造成工人的分工日益精细,它们都为资本获利服务。

高兹认为,资本主义统治和其主导的资本主义生产是内在一体的。资本主义生产专业化,造成工作日益碎片化,脑力劳动和体力劳动的不断分离,科学技术被知识精英阶层所控制和垄断。资本控制的大型企业的不断兼并的结果导致生产的日益集中,这意味着权力的集中。这是资本主导生产的逻辑,它进一步巩固和加强了资本主义的统治。资本主义这种统治的形成是以资本主义的分工为基础和前提的,具有单一功能的机器、生产组织专业化,以及分工劳动碎片化都支撑并体现了资本统治的意愿。按照资本主义生产技术和组织的要求,劳动分工日益专业化,形成了具有等级森严的惰性工作关系,这势必导致进一步维持和发展了资本主义的生产关系。"由资本主义生产技术所强加的技术劳动分工又进一步加剧了这种资本主义的分工和等级森严的专制。"[①]

高兹指出,资产阶级通过资本主义劳动分工有效地控制了工人。随着资本主义的发展,资本主义的生产过程就不断被严密组织化。资本主义生产严密组织使工人不自觉地意识到追求产量的最大化的是机器和生产本身的必然要求,复杂流水线的机器和严密的分工,看起来并没有强制但却是无情的和不可抗拒的。工业机器使工人必须忠实于劳动分工中所属的工作性质和职能。在资本主义的劳动分工中,所有的劳动都是被迫的强制劳动,都是资本控制并强加给工人的,工人不得不接受的劳动。这种资本主义的强制劳动消除了工人劳动中的自觉性和自主性,是被迫的和程序化的劳动。在资本逻辑中生产过程中强制劳动是劳动的社会分工的要求和必然。劳动的资本主

---

① Gorz,A.edited,*The Division of Labour*,The Harvester Press,Sussex,England,1978,p.viii.

义分工和资本主义技术互为一体,相互加强,进一步加剧了强迫劳动,使资本主义的异化劳动成为工人的常态。资产阶级不仅通过使没有生产资料的工人被迫从事资本主义生产,而且通过剥夺工人对自己劳动的控制权,来使他们被迫服从生产的资本主义过程。而资本主义正是通过资本主义劳动的技术分工,剥夺了工人对劳动的控制权。资本主义通过严密的技术分工,使工人只有作为等级森严阶层中的一名领班、一名技术专家、一名程序员或一名质检员等身份来开展工作。劳动的资本主义分工,变为资产阶级剥夺工人,并实现对生产控制权和产品支配权的有效举措。

高兹还进一步指出,劳动的资本主义分工在客观上起到了维护资本主义统治的功能作用。这种劳动分工消解了劳动中的工人、技术专家等对资本主义的反抗意识和反抗能力。高兹精辟地分析:"生产中的科学知识不仅与百姓生活相隔离,而且与大众日常的生活语言相隔离,它们被切割为非常专业的领域,只有善于钻研和经过专业训练的人才能懂,并且有着非专业人士不会交流和使用的专业词汇。科学技术分工是劳动的资本主义分工产物,也是维护其本身继续存在的条件和基础。劳动的资本主义分工,使从事科学技术的工人变成了德国人所说的那种'专业低能者'。在劳动的资本主义分工中,技术工人被资产主义的虚假意识形态所控制和支配,科学技术活动变成了被资产主义意识形态用来欺骗的假象。"[1]工作专业化的碎片化特征并不是因为技术的因素,关键是被资本主义当做阶级斗争的工具来利用,并且能够确保工人劳动过程中不会偷懒。技术被合理地设计和规划以便更好地为资本服务。工人的劳动被资本家所管控,工人不被信任。资本家知道只要他们拥有对劳动的控制权,他们就能够控制和剥削工人,劳动科学化分工是以"科学"的方式对一切可能管控的劳动的控制和摧毁。

---

[1]　Gorz, A. edited, *The Division of Labour*, The Harvester Press, Sussex, England, 1978, p.166.

　　高兹从三个方面对资本主义的劳动分工给予了批判。高兹从其人本主义立场出发，深刻批判了劳动资本主义的分工所带来的劳动异化及其日益深化，深刻阐明了劳动资本主义的分工是资本家获取了最大产出的活劳动而不仅仅是获得最大效率，深刻指出了劳动的资本主义分工是资本家控制工人的生产过程及其产品的有效手段，资本主义分工维持的劳动强化了资本主义统治。高兹的深刻分析主要是从人本主义角度对资本主义的劳动分工进行批判，进一步解释了劳动异化的本质、过程和实质。但我们也必须知道，劳动的资本主义分工虽然存在各种弊端，但却带给人类社会劳动生产率的极大提高。当然这种极大提高也有可能是极大的破坏，这正是高兹所担心的。

五、对资本主义教育的批判

　　资本主义教育体制具有显明的维护资产阶级统治的职能，是资本主义的重要组成部分。教育在表面上看来是学校的宗旨和目的，而实际上那是由于作为社会上层的阶层需要让民众以社会系统认可的方式进行模式化和社会化。通过学校的不断教育和灌输，从而使大众服从、遵守法律和默认资本主义等级制。高兹通过对资本主义技术工人接受教育过程的深刻分析，充分论证了这一观点。

　　高兹对资本主义国家的教育进行了认真的研究。西方资本主义国家的教育主要由两部分组成。一部分是工程技术院校教育，另一部分是传统的大学教育，两者在教育内容和教育方法上完全不同。资本主义的大学教育是非统一的和大学自主办学的，而工程技术院校的教育则有着半军事化的严密组织和严格纪律。大学教育是想把学生教育做成能够在知识上自我发展和自我创造的通识教育，而工程技术院校的教育不仅有知识上的教育而且有实践技能上的教育。教育的宗旨和目的是重塑学生个性,以适合资本工厂和资本官僚的权威等级制。而大学学生虽被培养成具有独立思考的反思和批判性能力,但其学历并不是为其工作而准备。大学生需要接受工作的挑选,通常需要花费较长的时间来谋求一份工作,有时候还找不到。而工程技术院校的学生正好相反,因为工程技术院校的教育使他们适应了劳动的资本主义分工中某类工作和资本社会的等级制。高兹认为,工程技术院校的学生选择工程技术院校的原因有两个:一是由于他们原初的社会地位,他们很难获取雇佣工人以外的其他行业的身份,没有充足的金钱和时间去冒险争取更好的职业;二是由于他们具有一定的社会野心,"他们希望取得一个比一般工人高的社会地位,虽然他们并没有爬到社会顶层地位和权力的愿望"①。这种一定的社会野心,只有在社会既定的固有秩序中寻找,这就决定着他们的愿望不会太高,他们必须对掌握实际控制权的人毕恭毕敬,而不像上完大学的大学毕业生那样,对社会的价值和意义进行追问和反思,"工程技术院校和大学的根本区别在于工程技术院校所教授的知识和技术是保持劳动的资本主义社会分工的再生产的基础"②。

从高兹观点来看,工程技术院校的教育与大学的教育相比在维持资本主义的社会统治和社会再生产上更加明显和直接。在现实当中,我们可以看到工程技术院校的教育在社会批判上与大学的教育是不能相比的。当然,在现代社会中任何个人和团体对社会的批判和反思,都可以归根于社会的教育。工程技术院校和机构只是培养那些能够被资本主义社会所容纳的特定群体,他们能够容忍被严格的纪律约束从事毫无吸引力的工作,他们驯从于资本主义的压迫和统治。他们中的极少一些人能摆脱毫无吸引力的乏味枯燥的机械人式的工作。假如工程技术院校的教育计划和教育方法重新制定

① Gorz,A.edited,*The Division of Labour*,The Harvester Press,Sussex,England,1978,p.179.
② Ibid.,p.180.

并实施，那么它们的学生获得理论知识和实践操作训练的平衡是可以实现的。但是工程技术院校的教育方法和教育计划被有意设计，使得大多数的技校学生被驯化和压制，使他们丧失了摆脱乏味工作的可能性。可见，工程技术术院校的教育目的就是要造成这样的选择性，使得大多数学生不能摆脱乏味工作。社会上只要仍有大量低技术和体力的工作需求，那么工程技术院校就必须培养出足够的、唯有接受这种工作毫无其他选择的"失败者"。为了维持资本主义社会的森严等级，对于工程技术院校来说，培养出毕业生与培养出被拒绝者是一个过程的两面。大部分人被工程技术院校的教育体制所说服和毒害，自认为自己一无是处，只有从事那种低技术的体力工作，他们被教育中内含的意识形态功能所驯化和愚化，自认为自己的失败是因为自己的不足和瑕疵造成的，而不是学校对教育的缺陷和失败所致。而那些少数成功者则被认为是才能超群和智力非凡的，所以获得社会的高回报。工程技术院校的教育使它们的学生鄙视体力工人并认为自己更有能力，这种教育使整个技术工人倾向于成为意识形态意义上的"中产阶级"而瞧不起无产阶级。

如前所述，非技术工作和技术工作的数量发生变迁时，从事技术的工人的阶级立场也随之发生转变。20世纪70年代随着科学技术的进步，资本主义生产正由原来的技术工人参与型生产向机器人自动化生产的转型，需要更多的从事非技术的工人，这样工程技术院校教育的选择性就增强了，要培养一些学生来从事这样的工作。一方面，一部分学生就无法接受技术方面的深造，不是这些学生不能被技术上教育，而是资本生产不需要他们接受更高的教育。因为更高的技术教育会导致他们不适合非技术的低级工作。另一方面，社会上技术工作的门槛和要求不断增高是发展的趋势。因此，工程技术院校的学生不可能有机会通过其本身获得的技术教育而取得一个较高的社会地位。由此，工程技术院校的教育给社会隐埋下了社会矛盾。

高兹指出，在后工业社会来临的时代，技术工人将对现状越来越不满足。技术工人面临两种命运：一是为了社会地位的提升而对社会的统治和竞争采取克制和容忍的态度，但当意识到社会提供给的低级工作无法满足其获得自身社会地位的提升时便会开始反抗。这种反抗具有侵略性，有成为改良主义和法西斯主义的可能。二是他们在从工程技术院校毕业之前，就意识到教育体制所教授给他们的价值和方法是一种欺骗。"面对这种情形，他们首先是反抗学校的教育统治，然后是反抗社会中工作的统治。"①高兹认为，第二种命运意味着对资本主义的潜在革命。从此我们可以看出，资本主义教育体制是反动的，也内含着危机。高兹深刻揭示了劳动的资本主义等级分工所带来的社会危机。高兹通过自己深刻的分析提出，马勒等人提出的"新工人阶级"理论式微了。随着时代的发展由于技术工人的日益普遍化，旧工人阶级和"新工人阶级"之间的区别日益模糊了，现在后工业社会中的无产阶级是有技术的工人。高兹认为，在体力劳动者和技术工人之间从意识形态上对二者进行统一，使他们共同拥有一个反对劳动资本主义分工的基础。这种共同基础的客观存在需要在具体社会的斗争中被进一步地明确。高兹提出这就需要对社会进行"文化革命"：消灭脑力劳动和体力劳动的分离、社会不平等、森严的等级、政治观念和社会行动的分离；使一切工人的创造力获得释放。"斗争的地方应该在资本主义的工厂，在这里工人被剥夺和在知识上被切割。斗争的地方也应该在教育机构，因为它培养着资本工厂所需的人类原材料"。②资本主义再生产其社会关系的危机和劳动分工的危机，在资本主义的工厂和学校的资本主义等级中显现出来。高兹指出："如果我们的目标是共产主义，那么全社会统一工作、文化、教育和生产是绝对必须的。"③

高兹对资本主义教育的批判是对科学技术、劳动分工批判的进一步推进和深化，高兹深刻揭示了资本主义教育体制的实质。在批判的同时，高兹

①③　Gorz, A. edited, *The Division of Labour*, The Harvester Press, Sussex, England, 1978, p.182.
②　Ibid., p.183.

对克服资本主义的教育异化提出了科学构想和解决方略。高兹提出的对资本主义的革命是对整个资本主义体系和制度的革命。首先在资本主义的工厂内要增加工人对劳动的自主权,这需要自下而上全面革命,同时需要超出工厂在全社会范围之内争取才能成功。当然,这需要打破劳动分工和机器生产内在一致的联系,消除技术工人孤立和麻木的状态,这将进一步加剧资本主义的内部矛盾,从而在资本主义的学校、工厂等各类场合来反对资本主义统治。

高兹提出,在工作中增加工人的自主权。而在现实中,工作仍然是处于绝对的他主之中。这是我们的斗争策略,但真正实现是要有一个长期的过程。马克思主义指出,生产力和生产关系是辩证统一,生产力对生产关系的改变是一个缓慢的过程。当前,科学技术已经日益体现出需要集体生产,而不是被资本家所垄断。这种技术进步的非垄断化、大众化趋势和要求,使每一个人都能使用和掌握。科学技术的进步和先进智能工具的生产,已使得每个人的自主性发展被促进,而不利于资本主义对工人的剥夺和控制。

第二节 高兹对传统社会主义的生态政治反思

在对资本主义批判的基础上,高兹也对传统社会主义进行了深刻的生态政治反思。高兹提出了保护生态环境的最佳选择就是先进的社会主义。他不仅提出了社会主义是符合生态理性的社会,而且对传统社会主义进行了反思。高兹指出,真正的社会主义并没有失败。

一、保护生态环境的最佳选择是先进的社会主义

高兹指出，经济理性支配下的资本主义制度不可避免地会导致生态危机，资本主义也不可能从根本上解决生态危机，更不可能从根本上保护生态环境。高兹指出，要想有效地保护生态环境，需要全社会的共同努力，必须形成保护生态的社会环境。这样的社会环境有以下特点：

其一，生产实用的、不容易被毁坏的产品，生产便于维修和经久耐用的机器，生产较长时间能穿的服饰。当人们生活在一个集体共有、提供广泛服务设施体系之中时，那些易于损坏、价格昂贵和浪费能源的物品需求将会消失。譬如，当人们在有舒适的公共交通工具出行时，当存在一个大众所要求的、遍及城乡的便捷交通网络，自行车便于出行和公共汽车优先出行且畅通无阻时，"人们是否仍然渴望和高速公路上拥挤的交通联系在一起呢？"①

其二，政府计划的工业生产主要为了满足居民的基本需要。"为了避免大量的失业，减少劳动时间，实行 20 小时工作周。各个城镇都有用完整的工具系列、机器和原料装备起来的工场。在那里市民们为自己而生产，依照他们的情趣从事生产。"②

其三，人们有充足的自由时间按照自己的爱好和兴趣来学习各种文化知识及各种工艺劳动，并且不用付费就能学习到自己感兴趣的各种专业技术。

高兹认为，只有社会主义才能实现这样的设想。因此，高兹强调，只有社会主义才能实施真正的生态保护，"保护生态环境的最佳选择是先进的社会主义"。高兹指出，社会主义能提供保护生态社会环境的根本原因是，社会主义不以获取利润为生产的动机，实施的是生态理性。高兹指出，真正的社会

---

①②　俞吾金、陈学明：《国外马克思主义哲学流派新编·西方马克思主义卷》（下册），复旦大学出版社，2002 年，第 604 页。

主义是超越支配的资本主义经济理性,是实施生态理性的社会。高兹指出:"社会主义不需要把自己界定为存在于别处的另一种社会系统:它把自己界定为资本主义的对立面——也就是说,作为对立面这样一种形式的社会的批判。在这样的社会中,各种力量的社会平衡、决策过程、技术、工作、日常生活的结构、消费模式和发展模式都打上了追求利润最大化的印记。"[①]高兹指出,在资本主义社会中追求利润最大化是资本的永恒逻辑。高兹认为,经济理性是社会发展所必要的,但必须限定经济理性的非理性应用。因此,社会主义必须突破资本主义的生产方式,克服资本主义经济理性的局限性,发展社会主义生态理性,摒弃高生产高消费的生产方式,建立一种新的社会主义生产方式。高兹指出:"生产力的经济逻辑与保护环境的生态原则截然不同。生态理性要求用一种最好的生态方式来满足人们的物质需要:尽可能生产具有最大使用价值、最少和最经久耐用的产品,而且要求耗费尽量少的劳动力和资源来生产。"[②]在资本主义社会,人们追求更高的效率以实现生产的最大化,从而能获得最大化的利润,而资本家利润的实现要求建立在社会大量需求和消费的前提上。只有社会最大量的需求和消费,资本的增殖才有可能实现。这样导致的结果就是,在工厂里最大化的生产力的高速发展加剧了社会资源的过度浪费,即从生态的原理来看是对环境的破坏和浪费资源。从经济的眼光来看,则是它们增长之源泉。如生产厂家之间的竞争促进了产品创新,资本的周转和产品的更新换代越来越快。从生态的视角看,是节俭的举措,如产品经久耐用、预防疾病等;从经济的观点来看,则是造成了国民生产总值的减少。

高兹指出,经济理性不惜以破坏生态环境为代价、恣意开发和挥霍资源,以最少的经济成本来实现最大限度的生产和最大限度的消费,在经济理

---

① André Gorz, *Capitalism, Socialism, Ecology*, Verso Press, 1994, p.ix.

② Ibid., pp.32–33.

性支配下的资本主义社会,实施保护环境是不可思议的。现代资本主义的生产方式是对环境的破坏。"实施生态保护的要旨是控制消费,而控制消费的一个前提是公平、合理地进行产品的分配,显然,在现存的生产方式下,是不可能做到这一点的。"①现实社会的消费模式和生产框架是建立在利润至上、社会贫富不均及资本特权的基础上,社会经济负增长或零增长只会导致社会的工人失业、社会停滞和收入差距拉大。在资本主义的生产模式和框架之中,产品的平均分配会造成经济增长被压制和限制。在受经济理性支配的生产方式之下,没有人能平均分配数量稀少的产品。如设有私人游泳池的别墅,就不会愿意与别人分享。资本主义的工业以最快的速度更新产品来冲击市场上的旧货,使它们迅速贬值,为了卖出更多的商品,从而获取更多的利润。资本主义的工业,不仅带来了严重的资源浪费,而且还再生产着资本主义不公平的等级制度。高兹指出,在这样的情形下,突破现存的资本主义社会生产方式,是我们唯一能走的路,只有这样我们才能建立一种真正实现生态生产、真正实现公平公正分配的生产方式。我们必须发展社会主义的生产方式。奥康纳指出:"我们需要'社会主义'至少是因为应该使生产的社会关系变得清晰起来,终结市场的统治和商品拜物教,并结束一些人对另一些人的剥削;我们需要'生态学'至少是因为得使社会生产力变得清晰起来,并中止对地球的毁坏和解构。"②

被资本主义积极否定的社会主义社会,坚持生产资料公有制,生产的目的不再是为了追求最大限度的利润,而是在满足人们物质文化需要的同时使经济理性服从于生态理性,实现人与自然的和谐统一。因为社会主义生产的目的不再以追求利润为主要目标,而是为了满足人们的各种需求。在这样

---

① 俞吾金、陈学明:《国外马克思主义哲学流派新编·西方马克思主义卷》(下册),复旦大学出版社,2002年,第606页。

② [美]詹姆斯·奥康纳:《自然的理由:生态学马克思主义研究》,唐正东译,南京大学出版社,2003年,第439页。

的社会里,人们生活在具有充分集体共有的公共服务设施之中,整个社会环境都发生了变化,人们的需求适可而止,对浪费能源和破坏环境的一次性的和奢侈物品的需求消失了。人们不再是根据市场的需要而是依据自身的真实需要进行生产,生产出的产品不仅经久耐用而且易于维修和重复利用。同时人们的劳动时间也减少了,人们不再被迫从事自己不喜欢的工作,人们不再注重奢华的物质需求,而更注重精神价值的追求。"更少地生产,更好地生活",这在资本主义社会是不可想象的生活方式得以在全社会实现。高兹指出:"在这样的社会当中,文化的价值往往比经济上的成就更为重要。"①

高兹关于社会主义的构想,是其生态政治思想必然逻辑的结论和目的,虽然其社会主义构想需要进一步的完善和修正。高兹生态政治思想的价值追求核心是,从其人本主义的立场出发,实现每个人自由全面的发展。高兹生态政治思想构想具有合理的因素,深刻表达了对资本主义社会人的生存和发展的忧虑以及对资本主义社会的深邃批判。

二、真正的社会主义没有失败

高兹不仅提出了社会主义是符合生态理性的社会,而且对传统的社会主义进行了反思。虽然高兹指出了传统的社会主义并不是生态理性的社会,但高兹认为真正的社会主义并没有失败。随着时代的发展,工人阶级已不再是社会主义革命的主体,新的革命阶级是"非工人非阶级"。

(一)真正的社会主义并没有失败

针对西方资产阶级学者在苏联社会主义解体后,提出的一些社会主义

---

① André Gorz, *Reclaiming Work*, Blackwell, 1999, p.72.

已经失败的论断,高兹提出了质疑。高兹指出:"所谓的'真正的社会主义'系统崩溃了。冷战结束了,西方赢了。赢了谁?赢在什么方面?西方的胜利是否是民主的一次胜利?资本主义胜利了吗?"①高兹认为,传统社会主义不是真正的社会主义,真正意义上的社会主义并没有失败也不会失败,资本主义也并没有胜利,资本主义社会仍处于危机之中,社会主义作为资本主义对立面的价值仍然存在。正如哈贝马斯所说,只要社会主义的批判对象没有消失,社会主义的价值就不会过时。要彻底解决资本主义的危机,还必须转向社会主义。高兹不仅批判现实资本主义,而且对传统的社会主义进行了深刻反思。

针对传统的社会主义,高兹指出:"作为一种制度,社会主义已经死了。作为一个运动和一个有组织的政治力量,它已经奄奄一息。其宣布的所有目标都过时了。产生它的社会力量正在消失。它已经失去了其预言的维度、物质基础和'历史主体':正导致如果不是无产阶级,那么至少是工人阶级消失的历史与技术的变化,显示出其历史和劳动的哲学被曲解了。"②

(二)"科学社会主义"概念失去了所有的意义

高兹指出,问题不是在于社会主义"本身"是否有未来,而是是否在要求资本主义需要和期望以什么形式、冲突和矛盾来继续发展和保持非资本主义概念的种子。什么样的社会主义能够或应该是从发展的冲突和矛盾的解释中涌现?"社会主义决不会作为'科学'工程的结果被实现,它将永远被依赖去解释社会各阶层自己的理解、主观判断,以及他们文化和政治关系。"③

①　André Gorz, *Capitalism, Socialism, Ecology*, Verso Press, 1994, p.1.
②　Ibid., p.Ⅶ.
③　Ibid., p.38.

　　高兹还进一步质疑了科学社会主义的"科学性"。高兹强调："'科学社会主义'的概念已经失去了所有的意义。在所谓的'现实社会主义'的范围内，作为其信条的所谓科学性，只具有这样一种时间功能：以'非科学'和'主观'为借口忽视人的需求、欲望和异议，强迫人们服从业已形成的工业机构的制度命令。'现实社会主义'的计划把社会当成一种集体化的工业机器，并要求人们服从这种机器的命令。人们的生活被完全合理化了，也就是说，被官僚——工业的强大机器完全有组织地功能化了。如果对抗这种功能化……则被谴责为小资产阶级和低级的个人主义。"①高兹进一步指出："在某种程度上它了解自己作为系统以它的总合理化的名义的科学性。切开自己与生活世界的所有联系，并且阻拦了个体对解放和自治权的愿望，社会主义是死的。"②高兹在其批判的基础上，重新定义社会主义。高兹指出："社会主义只能在与资本主义的联系中来加以理解，它是对资本主义的积极否定。"③社会主义起源于资本主义现代化的存在歧义和语义残缺不全，根源于自由市场经济的极端效应之中。在每一个需要社会主义的地方，无不是资本主义的剥削和异化存在的地方。在历史第一次，个体从专制或者从等级制度的附庸状态中释放了，被授予了追求他们自己的物质兴趣的权利，他们在"每一个人对抗所有人"的自由市场上斗争。无限制的竞争强迫每一个企业高效率地使用生产要素去寻找最大化生产力、创新、赢利和投资。"资本主义无论过去或现在都是这样一种唯一的社会形式，这一社会追求最大限度地生产和获取最大化的利润，竞争是它的首要信条，竭尽全力把全社会的劳动、医疗、教育、集体和个人的消费都纳入资本主义最大限度的服务价格体系之中。经济理性控制和支配了社会和劳动的所有领域，经济理性凭借着市场的魔力淋

---

① André Gorz, *Capitalism, Socialism, Ecology*, Verso Press, 1994, p.38.
②③ Ibid., p.39.

漓尽致地展现着自我。"①

高兹强调："社会主义的运动存在于现实的斗争中，这种斗争建立在社会伦理要求的基础上，由一个个个人紧密团结在一起来，去奋争。要求对经济理性支配的领域加以新的社会管制。唯有这些管制才能保证劳动者的完整性，以及他们无论在个体的层面上、还是在集体的层面上自我决定，如何度过自己一生的权利。社会主义运动的目的和含义并没有过时，现在仍然能够促使个人从经济理性支配的领域中解放出来。在这些领域中，市场逻辑、竞争和利润的功能正阻碍着个人获得自由和自我实现。"②高兹指出，社会主义只能在与资本主义的联系中来加以理解。高兹从个人自由自决的视角，对科学社会主义的反思具有一定的意义，特别是必须在社会主义中实现每个人自由且全面的发展。从理论实质上看，高兹并没有超越马克思主义关于共产主义的思想，而是对此的捍卫。

(三)"非工人非阶级"是社会主义革命的主体

随着资本主义由自由走向垄断，关于社会主义工人阶级历史地位和政治立场的现实转换是西方马克思主义派别中诸多思想家学术研究的热点，如马尔库塞就对此进行了深入的研究和分析。马尔库塞在研究中曾指出，"无产阶级是资本主义掘墓人"是马克思恩格斯根据早期资本主义的社会情况得出的结论。在现代资本主义的发达现实面前，这一结论已经不再令人信服。西方马克思主义派别中诸多思想家大都持有这样的观点，马克思主义所提出的传统意义上的无产阶级已经被现代消费社会所同化和一体化了，工人阶级已失去了自身的批判性、否定性和革命性，工人阶级已经不能承担革命的重任，因此，必须为社会主义革命寻找新的革命力量。作为同时代的人，

---

① André Gorz, *Capitalism, Socialism, Ecology*, Verso Press, 1994, p.39.

② Ibid., p.38.

高兹深受这些思想家的影响。

现代资本主义中的工人阶级,物质生活水平得到了极大提高、生产条件获得了极大改善,与马克思所处的时代不可同日而语。工人阶级不再是一个被奴役被剥削的阶级,工人阶级所具有的阶级意识和所处的社会地位已经被资本主义社会所消解并融合。工人阶级丧失了反对资本主义的革命意志和革命精神,工人阶级被资本主义所同化,工人阶级已经不是革命的主体。现在我们在工人阶级的身上看不到革命意识,相反,大多数的意识却是反革命的意识。当然只有在革命形势快要来临时,大多数工人阶级的革命意识才能展现出来。但现在和马克思所处的时代相反,工人阶级身上的革命意识正在消失,而不是像马克思所预测的那样在积累和发展。"工人阶级的绝大部分被资本主义社会所同化,这并不是一种表面现象,而是扎根于基础、扎根于垄断资本的政治经济之中的;宗主国的工人阶级从超额利润、从新殖民主义的剥削、从军火和政府的巨额津贴中分得好处。工人阶级失去的将不只是他们的锁链,这一点虽然是微不足道的,但却是确实的。"①马尔库塞认为,现代工人阶级已经成为资本主义社会的"肯定的力量",而不再是资本主义社会的"否定力量"。

针对工人阶级发生的变化,马尔库塞提出,革命的主体应该从工业资本主义国家范围之外去寻找和组织。马尔库塞认为,进行社会主义革命的光荣使命需要由第三世界中的被剥削、被压迫者和西方"新左派"来完成。第三世界的被剥削和被压迫者,由于不仅身受本国统治阶级的残酷压迫,而且也遭受外来宗主国的残酷剥削。面对双重压迫的第三世界被剥削和被压迫者的革命要求最强烈,他们在政治上没有权利、在经济上无法富足,使得他们成为反抗资本主义的坚定力量。而未被现代资本主义制度所同化的社会"新左

---

① [美]H.马尔库塞等:《工业社会和新左派》,任立译,商务图书馆,1982 年,第 84 页。

派"，必然成为现代资本主义工业社会新的革命主体。在主流的公众阶层下面，生活着一批无家可归的局外人和流浪汉、各式各样的被迫害者和被剥夺者、未能就业者和失业者。他们在资本主义的民主之外，悲惨的遭遇使他们对结束资本主义的体制有着最直接和最现实的强烈要求。所以他们的内在意识即使不是革命的，也是具有革命性的。马尔库塞说："他们的力量是每一次为法律和秩序的受害者举行政治示威的后盾。他们开始拒绝玩游戏这一点，可能标志着一个时期终结的开端。"①

马尔库塞指出，无组织的失业者、穷人、嬉皮士、流浪汉、被歧视的有色人种，以及青年大学生等都属于这些"新左派"。在这些具有革命潜力的力量之中，只有激进的、富有革命激情的知识分子是革命的中坚力量。由于他们学识丰富、见解深刻，对资本主义制度揭露最多，具有自觉地反抗资本主义制度的觉悟和意识，他们在未来对资本主义的革命中起着核心领导作用。马尔库塞强调："知识分子(和反唯智主义的知识分子)在运动中占主要地位这一点是不可忽视的。"②知识分子是对资本主义社会革命的历史新主体。

作为同时代的左派，高兹深受马尔库塞关于现代工人阶级革命立场演化和变迁思想的影响。根据当代资本主义的新发展，特别是资本主义由工业社会到后工业社会的转型所带来了社会阶级结构的新变化，高兹指出，当代资本主义社会中工人阶级的比重日益减少，工人阶级已经不再是社会主义革命的主体，新的革命主体是"非工人非阶级"。现代资本主义社会中，不仅社会物质生活条件普遍获得了极大提高，而且社会的生产条件也获得了极大的改善。马克思主义所指出的传统意义上工人阶级的革命意识已经被淡化并消失，现代工人阶级失去了对资本主义的批判性、否定性以及革命性。

---

① [美]赫伯特·马尔库塞：《单向度的人——发达工业社会意识形态研究》，刘继译，上海译文出版社，1989年，第230~231页。
② [美]H.马尔库塞等：《工业社会和新左派》，任立译，商务图书馆，1982年，第105页。

对资本主义进行变革和革命的力量主体已经不能再指望传统意义上的工人阶级。针对 20 世纪 80 年代以来资本主义后工业社会来临,高兹指出,不仅工人阶级的革命意识淡漠,而且工人阶级人数在数量上也大为减少。所以马克思主义传统意义上工人阶级是社会主义革命的主体和领导力量的观点已经与现实社会不符了,工人阶级已被资本主义所同化。虽然现代资本主义社会中资本和劳动之间的矛盾仍然存在,但它已经在资本主义政府的有效管控之中,工人阶级的社会定位和经济待遇均获得极大的提高;不能再用马克思阶级分析的方法来分析和解决当代资本主义的问题。卡斯特林纳认为:"在本世纪(指 20 世纪),尤其是在'福利'时代,这种否定性已经走上了它的反面:无产阶级在经济上和政治上所获得的利益使它把那些从它专注于资本主义劳动而衍生出来价值原则看做积极的东西——对生产力发展的绝对信仰,由社会精英所诱导出来的竞争品格、纪律和权威的等级观念以及生活领域相当保守的观念。"①

　　高兹通过自己对当代资本主义的研究指出,马克思传统意义上的"工人阶级"理论已经不适用现代资本主义社会。在传统意义上的科学社会主义体系中,'工人阶级'具有两个方面的特点。一方面是,在社会生产者人数上,占大多数的工人阶级支持和向往社会主义革命;另一方面,在实质上工人阶级自觉地要消灭不平等的阶级存在"②。工人阶级是由一个个鲜活的、从事物质生产劳动的工人组成的,他们都生活在个人不能自主的商品生产的异化劳动之中,能深刻体验到他们的劳动被奴役和劳动产品被剥夺的命运。因此,工人阶级是进行社会主义革命的潜在力量和主体。但随着现代资本主义生产力的极大发展和资本主义社会自身调整,工人的物质生活水平获得了普遍

---

　　① 徐崇温主编、[南]米洛斯·尼科维奇编:《处在 21 世纪前夜的社会主义》,赵培杰、冯瑞梅、孙春晨译,重庆出版社,1989 年,第 72 页。

　　② André Gorz, *Farewell to the Working Class: An Essay on Post-industrial Socialism*, Pluto Press, 1982, p.66.

提高。这不仅缓和了资本主义社会的阶级冲突,也瓦解了工人阶级对资本主义的革命意识或否定意识。高兹指出,在现代资本主义社会中,马克思主义的工人阶级理论已经没有现实意义。工人阶级在现代资本主义社会中已经丧失了传统工人阶级理论所赋予的特征,丧失了成为对资本主义革命的主体力量的社会地位,这就是现代资本主义社会中工人运动危机的根本原因。

高兹说:"传统理论的危机首先展现出来的是工人阶级理论的危机。具有现代生产技术的工人作为资本主义生产劳动的主体,应当是未来社会制度革命的主体力量的消失,意味着希望把社会主义作为目标来实现的主体阶级力量的消失。在实质上,传统社会主义理论与现实实践的式微根源于工人阶级的式微。"①

高兹强调指出,现代工人阶级之所以不再是社会主义革命的主体,这是由现代工人阶级的现状和特点决定的。高兹在他的理论中深刻地分析了现代工人阶级的现状和特点。

劳动的资本主义分工使工人阶级丧失了自身的革命性和自主性力量。"劳动的资本主义分工瓦解了'科学社会主义'的两个前提。其一是,工人阶级的劳动不能具有任何力量。现代工人阶级不仅没有掌握权力的手段,同时也丧失了革命行动的自主性和主动性;其二是,劳动分工使现代劳动已经不是工人自己的活动。无论在办公室还是在工厂的绝大多数场所,工人的劳动都是一种预先规划好的、被动的行动,它完全被资本主义的大机器所管控和操弄,没有给任何个人积极性预留一点空间。对具体的工人来讲,在生产过程中不再可能使他们的劳动和他们的职能连在一起。在现代技术的体系中,一切劳动好像是与工人无关,在工人之外发生的。劳动本身已变成了征服工人的物化力量。"②

---

①　André Gorz, *Farewell to the Working Class: An Essay on Post-industrial Socialism*, Pluto Press, 1982, p.66.

②　Ibid., p.67.

　　根据当代资本主义的新发展，特别是资本主义由工业社会到后工业社会的转型带来了社会阶级结构的新变化。高兹指出，当代资本主义社会中工人阶级的比重日益减少，工人阶级已经不再是社会主义革命的主体，新的革命主体是"非工人非阶级"。"在 1961 年和 1988 年之间，工人阶级的人数在英国减少了 44%，在法国减少了 30%，在瑞士减少了 24%，在西德减少了 18%。12 年里(1975—1986)，在一些欧洲国家，所有工业工作岗位的 1/3 甚至一半都消失了。"①虽然在这期间服务行业创造了大量的就业机会，但这些岗位不稳定、低技能和时间短。就业岗位不能提供职业发展机会，并与构成传统社会主义学说关于工人的工作实质和价值完全不相称。高兹指出，针对传统工人阶级占社会总人口的比例 15% 的现状，社会主义者现在仅仅着眼于这一部分人已经不能实现自己的目标了。现实资本主义社会中，工人阶级在总体上人数下降了。新的工作岗位已经被一个后工业的，主要是女性工人所取代。由于工作条件和工作性质不稳定，这些产业工人不能从其工作中产生出社会的认同和使命去执掌经济、技术或政治权力。高兹指出，当代工人阶级被资本主义的劳动分工摧毁了其革命意志和阶级认同。现在资本主义社会中工人的"工作"改变了，工作的"工人"也改变了。

　　现代资产主义摧毁了工人阶级的独立性和创造性，使工人阶级丧失了对资本主义的革命意识和其本身的"阶级意识"。"和自身劳动相统一的自我意识的丧失就等于阶级归属感的丧失，阶级对具体个人是外在的，就像劳动对具体个人是外在的一样。在现代资本主义的劳动体系中劳动已经变为没有任何具体个人参加完工的很难表述的活动。人们不仅可以不用从事这种劳动，而且可以参加其他偶然的、相似的工作，阶级意识也变为了一种没有

---

① André Gorz, *Capitalism*, *Socialism*, *Ecology*, Verso Press, 1994, p.Ⅶ.

意义的、偶然的存在被体验。"①

在现代资本主义制度下,工人阶级成了一个被物化和异化的阶级。"现代社会的事实反映了工人劳动被完全异化的全面形式:工人的所有物质需求都通过对商品的需求显现出来,购买所需的商品需要货币。工人阶级消费的一切东西都必须去购买,而他们生产的所有东西都必须去销售。"②我们可以看出,在现代资本主义社会中,劳动不再是工人的劳动。为了维持自身和家庭的生存,工人不加选择地去从事这种偶然碰到的"能做"的工作,而不是工人自身能自主地选择工作。工人劳动的不确定性,使工人产生了这样一种冷淡的态度,他们只关注自己到时应得的薪水和工资。"劳动的异化达到了如此的程度:使工人对于劳动除了工资以外毫无其他的目的,或者说一种行为除了建立在市场关系之外没有其他的关系。"③

高兹深刻地批评了传统工人阶级以争取生产条件的改善作为他们斗争主要目的范式。高兹认为,这种斗争仅仅局限在生产领域,这样的斗争目的并不具有社会的普遍解放意义。在现代资本主义制度中,"对具体个人来说,这已不再是使自我从劳动的压迫中获得解放、使自己重新控制劳动,或者在资本主义劳动的架构内争夺权力的问题了。现在问题的关键是使自身从劳动中解放出来,需要通过拒绝劳动的内容、必要性、本质和方式。拒绝劳动的深刻内涵就是拒绝传统的工人阶级运动的组织和战略。这是要赢取不再是工人身份的权力,而不是赢得作为工人的权力。这两个权力是完全不同的两回事。阶级身份已经处于危险之中"④。高兹不仅指出了现代社会主义革命的主体不再是工人阶级,而且还提出了要实现社会主义革命必须"告别工人阶级",必须依赖"非工人非阶级"这一新的革命主体。高兹指出:"用'非工人非

---

①② André Gorz, *Farewell to the Working Class: An Essay on Post–industrial Socialism*, Pluto Press, 1982, p.38.

③ Ibid., p.140.

④ Ibid., p.67.

阶级'这一术语来称呼把他们的劳动作为外部强迫的义务来体验的社会阶层,在这项义务中,'你为了去谋生而必须浪费生命'。该社会阶层的目标不是占有工作而是废除工人和工作,构想世界的未来。在这个非阶级之外没有其他的社会主体想废除工作。"①高兹认为,"非工人非阶级"不同于传统社会主义学说中的工人阶级,"非工人非阶级"不与任何特定的社会集团、生产方式、社会利益和历史使命相关。"非工人非阶级"反抗资本主义制度和资本主义生产方式,是真正社会主义的革命主体。

高兹提出的所谓"非工人"是特指不同于马克思主义传统意义上的工人阶级。"用'非工人非阶级'指那些未来能够废除劳动的潜在社会力量的主体,这一概念并不是在马克思主义工人阶级的基础上赋予同等历史'使命'阶级。"②高兹明确提出:"新工人阶级既不能依据他们在社会生产中的地位来被确定,也不能依据'他们的'劳动来确定身份。"③高兹提出的所谓"非阶级",是指他们不与特定社会集团、社会利益和历史使命相联系。严格说来,他们不能成为一个社会"主体"。高兹进一步解释:"这些人是内心真正追求劳动解放,现实中还不是一个'社会主体'。他们没有超越现实的统一使命,也没有社会和历史的、全面的概念。没有特别的现实,只有构成他们的人是现实的。

总的来说,他们是一个非阶级,而不是一个阶级。正因为如此,它作为一个整体没有上帝和宗教,没有先知的意味,它不是把它的组成者组织成一体的拯救现实的一种新主体。与此相反,它警醒人们首先需要拯救的是他们自身并制定一个与他们的目标和自决存在相融合的社会秩序。"④但高兹又指

---

① André Gorz, *Farewell to the Working Class*, Pluto Press, 1982, p.7.

② André Gorz, *Farewell to the Working Class: An Essay on Post-industrial Socialism*, Pluto Press, 1982, p.10.

③ Ibid., p.70.

④ Ibid., pp.10-11.

出:"'非阶级'一词当然也不能用来指特定的社会组织和社会关系的缺失,它是用来表示社会领域在外在限制之外和经济合理性的个人自主下的消失过程。"①可以说,非阶级表达的是对既有现实社会的否定,其本身并不虚无,而非阶级又表明一种合理的社会存在方式。总的来说,唯一能确定的就是非阶级"既不感到他们属于工人阶级,也不感到他们属于其他任何阶级"。②

　　"非工人非阶级"的概念是高兹特指没有融入现代资本主义的物质生产过程之中,或者是未被资本主义的物质生产过程所同化的各个社会阶层,"非工人非阶级"的"阶级"地位、阶级属性和社会作用,以及其所要求的历史方向和未来所要建立的社会秩序等,不同于马克思传统意义上的工人阶级概念。对于"非工人非阶级"人员构成,高兹在其理论中指出:"他们包括那些所有被从资本主义生产中排斥淘汰出来的人,或者由于机器工业化技术提高而不能适应的人以及那些在当前现实社会生产中所剩余的人,不论是暂时性的还是永久性的,不论是完全的还是部分的,非工人非阶级都实际地或潜在地失业。"③高兹强调指出:"现在传统意义上的工人阶级在人数上越来越少,而大多数是后工业社会中新工人阶级,他们不仅没有职业上的保障也没有确定统一的阶级意识,他们工作大都是临时性的、试用性的或者非全天的,而且随着机械自动化的普及,他们将随时失去他们的工作。他们的数量随着自动化技术的迅速普及而不发生变化,他们的愿望与大学和学校所传授的技能关系不大。新无产阶级的能力非常胜任他们的工作,他们只是谴责劳动未能充分发挥他们的能力,经常抱怨失业时间太长。他们所从事的工作几乎都是暂时的和偶然的。他们感到自己劳动与他们的职业没有内在意义上的关联,劳动本身不再是一种神圣的职业而是生活过程之中的空白间隙,

　　① André Gorz, *Farewell to the Working Class: An Essay on Post-industrial Socialism*, Pluto Press, 1982, p.75.
　　② Ibid., p.70.
　　③ Ibid., p.75.

必须加以忍受来赚取生存所需的金钱。"①

高兹指出"非工人非阶级"的产生是"与无产阶级相反,他们不是随着资本主义的产生而产生,并不具有资本主义社会的生产关系标签。他们是在资本主义生态危机和社会危机,以及资本主义生产关系的瓦解中,新的、更高级的生产技术普及后的产物"②。他们产生在值得向往的旧社会劳动价值、尊严和社会效益瓦解的过程之中。总之,"非工人非阶级"是现代技术在资本主义生产过程中运用的产物。

高兹指出,传统的工人阶级在物质生产中展现出自身的"客观的力量",所以工人阶级的理论一直把工人阶级看做是巩固和维持全社会的物质力量。而"非工人非阶级"则是一种自由表征的主观性,展现的是"非力量"。"非工人非阶级"能够被理解为一种'非力量',他们不具有社会客观的重要性,并被拒斥在社会主流之外。由于他们在社会的物质生产过程中不起作用,所以他们把社会发展理解为强制外在的东西,想象为一种景象或奇观。"非工人非阶级"所关注是"在社会生产的逻辑之外,与社会生产的逻辑相对立的、合理的自主视域,从而使个人的发展能顺畅实现"③。所以我们不能用传统意义上的工人阶级社会角色和地位来看待"非工人非阶级","非工人非阶级"对社会关系的再生产秩序和生产力的再生产都起不到任何效用,但是建立未来自由的社会不能离开他们。高兹指出,对"非工人非阶级"来说,"主要目标并不是去夺取国家政权以建立一个崭新的世界,而是从物质主义的经济理性中摆脱出来,从而重新获得驾驭自我生活的权利"④。可见"非工人非阶级"的产生"表明了在现存资本社会中的超经济理性,随着社会发展劳动的

---

① André Gorz, *Farewell to the Working Class: An Essay on Post-industrial Socialism*, Pluto Press, 1982, pp.69-70.

② Ibid., p.68.

③ Ibid., p.73.

④ Ibid., p.75.

废除及其控制的消失,社会中的各种阶级也将不复存在"①。

可以看出,高兹提出的"非工人非阶级"表达了对资本主义制度特别是对资本主义生产方式的否认和批判。高兹认为社会主义革命的新历史主体是"非工人非阶级"。那么这种新的历史主体怎样革命? 高兹《劳工战略》和《艰难的社会主义》的著作中指出,革命战略是自下而上。革命从生产的场所开始,首先同资本主义的生产做斗争。高兹提出的理由是:生产的场所正是资本主义对工人专制开始和最集中的地方;劳动的资本主义分工是资本主义一切异化的来源;在生产的场所,工人的力量体现的最直接和最明显。高兹战略也受到了实践的检验,最终没有成功。"五月风暴"的挫败,让高兹充分意识到,即使有觉悟的工人认识到他们同资本主义的矛盾,他们并不会与资产阶级的意识形态做斗争和决裂,只有社会主义意识形态能以现实形式出现或者能以一种强大的逻辑直观形式来增强他们能力。②实践的失败使高兹意识到,必须拓宽革命的范围和领域。革命必须由资本主义的生产扩展到更广泛的领域内寻求革命的土壤和力量。由"生产革命"拓展到"文化革命",由生产领域拓展到全社会,特别要重视"新社会运动"中的生态运动和新女权运动,这是革命的新动力。

三、对传统社会主义制度的反思

传统社会主义仍然实施经济理性。高兹指出,苏联模式与现实的资本主义一样,仍然是经济理性主导全社会,未能有效保护生态环境。高兹认为,只要经济理性无限制地支配社会, 那么无论是社会主义还是资本主义都会造

---

①　André Gorz, *Farewell to the Working Class:An Essay on Post-industrial Socialism*, Pluto Press, 1982, p.67.

②　徐崇温:《西方马克思主义理论研究》,海南出版社,2000 年,第 417 页。

成生态危机。只要经济理性在社会占统治地位,无论是实行计划经济还是采用市场经济,都不会是真正的社会主义。高兹特别指出,把追求积累和经济增长作为目标的苏联模式实际上是一幅现实资本主义的滑稽放大图,其采用高度集中的、外在的计划经济控制代替了自发的市场经济控制,这种计划漠视人的异议和需求,强迫人们服从官僚工业机器的制度命令。高兹认为,在苏联模式中产生的异化比市场制度下产生的异化更具总体性,"因为苏联的制度不允许政治行政决策去适应面临的真实的经济条件和真实的需要"[①]。虽然苏联模式本身也进行了各种改革,但都没有摆脱经济理性无限制扩展的掣肘。它具备了前工业社会和工业资本主义社会两者的缺点,但并没有兼备两者的优点,苏联模式日益背离了社会主义的价值和目标。

高兹认为,冷战结束之后苏联模式已经走到了尽头。高兹指出:"苏联模式社会主义实施的计划经济,把全社会看做一个巨大的机器系统。人们在这个机器系统中,他们的全部生活都要必须被这台机器进行理性的计划和组织。如有人对这些做法提出质疑和反对,那么可能被斥责为是个人主义或是小资产阶级的倾向。"[②]高兹认为,传统社会主义的完美"计划"暴露了其同时具备传统社会主义和现代资本主义社会的各自缺点,但同时还丧失了这两种社会各自的优点。在传统社会主义中,我们仍然可以看出无论是个人行为还是社会生产都要受到经济理性的支配和控制。因为苏联社会主义还是以追求经济增长和物质财富的积累为主要目标。所以传统社会主义与资本主义社会一样是经济理性支配的社会。因此,在本质上苏联模式不仅出现了人与自然关系的异化,同时也导致了人与人之间关系的异化。苏联模式在理论上想用一种经过精心计划、由统一中心、通过层层管理机构来管控的,从而对经济进行整体驾驭和指导的国家计划,来代替资本主义的自由市场,由于

---

① André Gorz, *Capitalism, Socialism, Ecology*, Verso Press, 1994, p.6.
② Ibid., p.34.

苏联模式生产力落后、执行或落实的失真和无序,在资本主义国家政治中,人与人的不平等和经济上的残酷剥夺,变成了苏联模式中政治上官僚专制、不民主和收入分配上的不公平和不公正。

苏联模式的这种国家计划的巨大强制性,导致出现了与在资本主义社会中一样的自然的异化、人的异化和人的自由而全面发展权利的丧失。首先在环境保护方面,社会主义苏联的生态环境不断恶化,20世纪60年代以后,特别是中亚咸海生态环境的恶化以及一些主要工业城市的生态环境污染。"1972年,马歇尔·戈德曼在全面研究苏联发表的书籍、期刊和报纸材料的基础上得出结论,苏联的环境破坏与美国一样范围广泛而且严重,苏联以同样的方式、同样的程度滥用环境。"①苏联模式并没有保护生态环境,同样出现了人与自然的异化。但高兹进一步指出,苏联模式的失败和社会主义的失败不是一回事,因为苏联的社会主义不是真正的社会主义。苏联社会主义的失败,只能证明经济理性支配的社会既不能有效实现人和自然的和谐,也不能达到人和人的平等和谐。因此,高兹提出无论资本主义还是社会主义,不论是市场机制还是计划机制,只要经济理性处于支配地位,就不会实现人与自然、人与人和谐统一的社会,根本不可能达到和实现真正的社会主义。虽然苏联社会主义也不断地推出了一些改革,但这些改革主要是以经济理性支配的消费主义为指导,这些改革的结果最终造成了整个社会不断与现代资本主义制度趋同,离真正的社会主义越来越远。高兹认为:"在某种程度上,传统社会主义把本身固化为一个圆满体系,在体系之中,传统社会主义根据本身的理论上科学正义圆满的名义,使自身与客观的现实世界隔离开来,而且还阻碍个人自由的发展和实现,传统社会主义已经僵化和死亡。"②

① [印]萨拉·萨卡:《生态社会主义还是生态资本主义》,张淑兰译,山东大学出版社,2012年,第37页。

② André Gorz, *Capitalism, Socialism, Ecology*, Verso Press, 1994, pp.34–39.

可以看出高兹认为，只要是经济理性支配社会，不论苏联模式还是现代资本主义社会，都会出现生态危机和社会危机，即使社会主义社会也不会有效促进人与社会的全面发展。高兹强调："只要社会中资本追求增殖占主流优势，社会关系就会被经济理性所塑造，经济理性还重构着每个人的生活和日常行为并决定着他们的文化和价值的标准，这就是现代资本主义。只有当经济理性不再能够塑造社会关系，而社会主流是追求全社会的意义和目标，在个人和社会的生活中经济工作和其他工作一样，是同等重要活动时，这样的社会就是社会主义社会。"①因此，高兹深刻地指出，真正的社会主义社会必须是超越经济理性的社会，而传统苏联模式的社会主义仍然是经济理性支配的社会，所以它不是真正的社会主义社会。

我们必须辩证地分析和对待高兹对苏联模式社会主义的批判。从理论上来讲，高兹批判具有一定的理论合理性，具有正确的地方，深刻探讨了苏联失败的内在原因，有生态环境恶化，实行经济理性支配下高度集中的计划经济等。从现实层面上来看，苏联社会主义并不是脱胎于发达的资本主义社会，没有雄厚的物质基础和发达的生产力，苏联社会主义的成立本身并不符合经典马克思主义的理论。因此，分析苏联模式必须要结合苏联建国的实际国情，当时的苏联面临着资本主义世界的封锁和非常低的生产力水平。社会主义苏联之所以采取经济理性占支配地位的资本主义模式，主要是要加快经济的发展，当然其并没有完全实行资本主义市场经济制度。另外，苏联在发展社会主义之时，采取了快速粗放型经济发展方式和特别注重经济总量的提高，优先发展重工业；而忽视了对轻工业和民生的投入，忽视了人们对生活产品的生产。在政治上，忽视了民主制度的建设，人民群众的政治权利和精神生活被严重漠视。从高兹对苏联社会主义的批判中我们可以看出，高

---

① André Gorz, *Capitalism, Socialism, Ecology*, Verso Press, 1994, p.29.

兹的分析具有浓郁的人本主义意蕴，但确实也一针见血地指出了苏联社会主义建设的不足和失败的原因。但社会主义苏联超于经济理性支配社会的现实基础并不存在，真正建立超越资本主义经济理性的社会只是一种理论假设和设想，在人类社会的发展中还需要进一步的社会实践来检验。总的来看，高兹对苏联社会主义的批判和对传统社会主义的重构，对世界社会主义运动和人类社会的发展具有重要的理论探索意义。

　　在当今世界是什么原因造成了生态环境恶化，我们又该怎样去解决？这正是全世界都在探索和追问的问题。高兹根据自己的观察和思考，对这一问题给出了深邃的见解和个性回答。高兹指出，资本主义经济理性的过度膨胀是造成当今社会生态环境危机的根本原因。"高兹批判资本主义经济理性，深刻阐明了资本在追求高额利润和经济增长导致人类社会有限的资源持续地受到浪费和毁坏。"①在经济理性支配的资本主义社会，资本为了获得更多的利润就必须持续地扩大再生产，就会肆无忌惮地占有和剥夺自然资源。要求利润最大化的经济理性不断推动着资本主义的生产方式、消费模式在全世界扩张，这种高生产高消费实际造成高浪费的生产和消费模式必然造成人与自然、人与社会之间关系的紧张。发达资本主义通过占有和剥夺不发达国家资源来转嫁生态危机，这势必就会带来全世界的生态环境问题。高兹通过对经济理性支配下资本主义的生产和消费方式的批判，阐明经济理性和资本主义制度是内在一致和互为一体的，深刻揭示了资本主义制度的内在危机。高兹认为，只有以生态理性驾驭经济理性，超越经济理性，人类社会才能从根本上解决生态危机，从而实现人类社会的永续发展。

　　高兹对经济理性的深刻分析和批判，是对经济万能思维的当头棒喝。高兹提出的用生态理性取代经济理性支配社会的设想，给我们提供了一种崭

---

① Adrian Little, *The Political Thought of André Gorz*, Routledge Press, 1996, p.85.

新的思路和视角,深刻指出了生态环境问题产生的实质。高兹提出的用生态理性代替经济理性的理论,在逻辑上是自洽的和可行的,但在现实实践中还需要进一步的检验。现在问题的关键是,经济理性充斥世界,如何实现这种转变,特别是很多发展中国家,在生产力不发达的情况,还面临着解决温饱问题;更多的人们依然渴望过上富足的生活,因此用生态理性代替经济理性转变的现实道路困难重重,现在来看几乎不可能。

高兹提出,现代资本主义的危机是生态危机,并将引发其他资本主义危机,高兹提出的生态问题确实是现代资本主义社会所面临的严重社会问题。但我们从现实来看,特别是由于美国的"次贷危机"而引发的 2008 年金融危机来看,现代资本主义的危机仍然是资本主义的经济危机。2008 年金融危机再次证明了马克思主义关于资本主义的经济危机理论。现代资本主义确实存在着生态问题,资本主义政府也在不断的调整之中。但生态危机并没有出现,生态问题还在资本主义的管控之下。高兹提出,苏联模式坚持经济理性主导社会,所以就不是真正的社会主义,这造成了对现实社会主义片面否定。同时,高兹提出社会主义因素已经在现代资本主义中产生和增加,认为只要资本主义社会发展生态理性摒弃经济理性,就能成为真正的社会主义。这是与马克思主义的观点内在一致的。

第三节　高兹对未来社会的生态政治构想

高兹在对现代资本主义社会进行生态政治批判和对传统社会主义生态政治反思的基础上,进一步提出了对未来社会的生态政治构想。如果要实现世界性生态环境问题的彻底解决,高兹认为必须发展生态理性,用生态理性来驾驭经济理性。由于资本主义和经济理性的内在一致,所以发展生态理性就必须超越资本主义制度，而且只有在真正的社会主义制度里才能实现生态理性主导的社会。因此，高兹生态政治思想的最终目标就是要建立一个生态政治和谐的社会主义社会。高兹指出，在这样的社会中，"社会进行生产的目的不再是为了追求利润的最大化，不再是为了纯粹的经济增长和资本的增殖"①。在未来的社会中，经济理性受到了生态理性的限制，因此就能保护好生态环境，避免生态危机的发生。高兹还进一步探讨了未来生态政治和社会主义的建设方略。高兹从其人本主义立场出发强调指出，未来社会必须既不同于对人异化和强制的现代资本主义社会，也不同于苏联模式采取的极权主义。未来社会是要从根本上建立每个人自由自决的全面解放的真正社会主义。真正的社会主义不仅没有人对自然的奴役，更没有人对人的奴役。高兹从实施生态理性、建设自由自决的社会及其实现策略等方面对真正社会主义进行了系统阐释。对此，高兹认为实施生态理性社会的这种真正社会主义社会应是一种理想状态的人的全面自由发展的社会。

一、实施生态理性

高兹提出未来要建立一个生态的社会，实施生态理性，首先要实施生态技术，采用分散型的生态技术；其次，实现"更少地生产，更好地生活"的生产和生活方式。

（一）采用分散型的生态技术

高兹指出："社会选择正借着技术选择的幌子强加给人们。那些技术选择正赤裸地变成人们唯一必须的选择，但却不是必要的最好选择。对资本来

---

① André Gorz, *Capitalism, Socialism, Ecology*, Verso Press, 1994, pp.42–43.

讲,它们只致力于发明和利用这样的技术,这样的技术同资本主义发展的逻辑内在一致,天然地维护资本的统治。资本要废除不能巩固资本主义社会关系的技术,哪怕这些技术对社会具有更多合理性。在资本主义馈赠给人们的技术之中已经内嵌着资本主义的生产和交换关系。"①高兹的研究告诉我们,社会选择和技术选择内在一致,社会的选择与技术的选择是一体的两面,选择怎样的社会就意味着选择怎样的技术,不同技术的选择也是不同文明的选择。资本主义社会只会选择维护资本主义统治的技术。高兹指出,在资本主义社会中,从资本主义生产的泰罗制到资本主义生产的福特制发展历程中,我们就能深刻地体验到资本主义所采用的生产技术对工人的严格控制和深度摧残。资本主义生产技术的更新换代必然带来其对工人控制方式的更新。资本主义经济理性所支配的资本主义的劳动分工和消费方式,不论在泰罗制还是在福特制,都导致了工人主体性在资本主义生产过程中的丧失。这样的后果导致了社会的两极化趋势,一部分人因为拥有固定体面的工作而成为社会的精英;而另一部分人则随时面临失业和半失业的窘态。

高兹深刻批判了资本主义,指出资本主义的劳动分工不仅是对工人主体性的限制,而且还扼杀了工人在劳动中的创造性。资本主义通过生产中使用的技术实现了资本主义对工人的控制,从而为资本主义生产出更多的剩余价值。资本主义采用的技术所决定的劳动的资本主义分工是资本主义社会中一切异化的源头。高兹在此继承了西方马克思主义中法兰克福学派的观点,认为科学技术并不是意识形态中立的,科学技术中内嵌着意识形态。高兹指出,技术可以分为两种技术,一种是资本主义的技术,一种是社会主义的技术。只要你采用资本主义的技术,那么虽然你不是资本主义社会,但你在技术的应用中必然会造成工人主体性的丧失。所以高兹强调科技异化

① André Gorz, *Capitalism, Socialism, Ecology*, Verso Press, 1994, p.95.

是导致现代社会异化的重要原因。"社会所采用的技术一定会带来社会结构的变化;如核电技术内在要求着高度集权和等级森严的社会关系。"①在此,高兹特别指出:"核技术预示着和决定着一个集权的、等级森严的和警察统治的社会。"②高兹指出,核能作为新型能源,在高收益的同时也带来高风险,其是要求高度集权的技术。核能技术必须是少数的最高层掌握最终决断权,而核能的高风险则要求对工人进行严格的训练和严厉的监管和控制。"全核社会是一个警察社会。进行核能选择的社会,人们没有基本的自主权,它是一个集权社会。"③所以高兹指出选择"核电"式的技术,必然带来社会对人们的"集权"式控制和统治。这使人们丧失了最基本的权利,生活在恐惧之中,同时也带来了人对人的异化。高兹认为,现代资本主义国家对科技的选择和控制,导致了影响人和人类未来命运的一系列社会问题,如核电事故等。

高兹指出,进行社会革命必须首先进行技术选择,也就是说技术选择是社会革命的基础。高兹提出未来要建立一个生态的社会,那么首先要实施生态技术,进行生态技术的选择。而要改变现在的社会就必须要改变现在的技术。高兹指出,生态技术是有利于实现人和自然之间以及人和人之间融合的技术,它是一种后工业技术、温和的技术和分散型的技术,它是一种敬畏自然和尊重劳动者的技术。高兹指出,只有用生态理性代替经济理性主导的社会主义社会,才会停止资本主义生产中的经济竞争,从根本上改变人们的资本主义生活方式,从而消除异化消费,进行合理消费。在生态理性的支配下,整个社会的生态环境得到有效的保护,社会尽可能减少对不可再生资源的开发和利用,充分有效地发展和使用生态技术,开发和利用太阳能、风能及生物质能等可再生资源。社会普遍采用多节点的分散技术,没有统一的集中控制中心,它们在不影响环境的条件下充分利用自己的优势来生产自己多

---

①③　André Gorz, *Ecology as Politics*, South End Press, 1980, p.19.

②　Adrian Little, *The Political Thought of André Gorz*, Routledge Press, 1996, p.67.

需的能源。高兹强调,这种可再生资源的生态技术是民主的和社会主义的技术,内在着反对资本主义。这些技术的应用和普及是人类实现自身解放的技术前提。

高兹相信,一种新的技术得到社会的普遍使用必然会带来新社会制度的产生。资本主义与社会主义有着截然相反的技术原则和技术选择。高兹指出,采用分散型生态技术应是未来社会的政治选择。这种分散型生态技术的普及和发展,不仅带来了人与自然的和谐,而且也实现了人与人的和谐。高兹提出的分散型生态技术具有以下特点:能有效保护生态环境、只能为集体利用和控制、能够增强地区或者社区自主性、能够实现人们对产品的生产和消费的联合控制。高兹认为,新型的生态技术的应用和普及是新社会制度诞生的基础和前提。

(二)更少地生产,更好地生活

"更少地生产,更好地生活"是高兹提出的人们在生态理性支配的未来社会中的理想模式。高兹提出,在未来的社会人们对物质的需求原则是"刚好就好"的原则,并不追求过度的生产和奢华的消费,而是在满足人们的基本物质生活需要的情况下,更加注重人的精神文化生活的内在质量和自主性的提高。在农业文明时代,由于生产力发展水平低,人们被局限在土地上和小作坊内进行生产,这种农业生产规模小,产品大多数是用来满足家庭、社区的需要。"当时人们不被经济理性支配,人们日出而作、日落而息,随着四季的变化过着有规律的农业生活。"①高兹指出,"更少地生产"虽然是农业时代的概念,但也意味着"更好地生活",人们随着季节的变迁,按照自己的意愿来安排生产的时间。在现代社会随着科学技术日益发达,社会的必要劳

---

① André Gorz, *Ecology As Politcs*, South End Press, 1980, p.109.

动时间不断减少,实现"更少地生产,更好地生活"日益具有现实的可能。高兹在其《通往天堂之路》的著作中强调:"现代信息技术革命所带来的自动化技术,不仅使金融资本对生产的控制降低了,也使社会必要大为减少,这具有历史解放的意义。"[①]

高兹在进一步的研究中指出,现代资本主义社会中的实际问题并不是缺少工作机会,问题的关键由日益减少的雇佣工人所生产的社会财富不能得到公平合理的分配。社会分配不公,生产再多的产品也没有用。现代"社会问题的解决不再是创造更多的就业机会,而是要客观公正地分配社会上所有的社会工作机会以及社会上被创造出来的财富"。[②]高兹认为,在现代技术条件下,资本主义社会创造的财富已经能够满足人们的基本生活需要,但由于资本主义的分配不公,从而造成过度生产并导致过度消费和奢侈浪费。因此,问题的核心已经不再是创造更多的财富和生产更多的商品,而是公平合理地分配已有的社会财富。但是在资本主义经济理性的支配下,人们的欲望越来越大,已经不再满足于"知足常乐",而是追求越多越好,人们被虚幻的虚假消费所异化。在资本主义面临生态危机和社会危机情况下,高兹提出的"更少地生产,更好地生活"。这作为一种生活方式和思维方式,具有醍醐灌顶的警醒作用,高兹创造性设想深刻探讨了未来社会主义社会的生产和生活模式。

高兹认为,经济理性是人类社会发展必须的,但经济理性的过度使用必然导致非理性,因此,必须用生态理性来驾驭和控制经济理性的使用。"当人类由劳动还是谋生手段的社会过渡到时间将要被解放的社会时,文化的作

---

① André Gorz, *Critique of Economic Reason*, Verso, 1989, p.109.

② André Gorz, *Paths to Paradise: On the Liberation from Work*, Pluto, 1985, p.103.

用和价值比经济上的作用和价值更为重要。"①高兹提出,未来的社会主义不再是以经济理性为主导的社会,不以实现利润最大化而破坏社会其他方面的发展。未来的社会主义是实现了经济、文化、生态和社会等的和谐统一,达到了社会经济发展和社会价值的有机统一,人们更加注重生活的精神价值内在质量的提高,真正实现了"更少地生产,更好地生活"的社会生产和生活模式。

"更少地生产,更好地生活"作为一种理性的社会生活模式主要是指,人们依据自身的自主性想象来生产,而不是依据一般的需要来生产。市场理性不再起基础性的作用,每个人不仅在消费中而且在生产中获得自身的满足和圆满。人们按照自己的意愿各自规划自己的生活,达到和而不同。人们再也不用违心地去从事被压抑和单调乏味的工作。在"更少地生产,更好地生活"模式的社会中,社会是完全平等的。因为只有社会平等才能真正使人们达到更少地生产和更好地生活所需的内在精神和文化内涵的基础和前提。我们看到,在经济理性支配下的现代资本主义,其生产确实带来了巨大的经济增长和极大的产品丰富,只是让人们享有被异化的、原来只有社会精英阶层才可能享有的特权,同时又被资本主义排斥在新的特权之外,社会失衡永远存在。高兹指出,现代资本主义就是通过不断地生产出新的需求,从而控制和驾驭人们,制造着资本主义社会新的社会不平等。随着"更少地生产,更好地生活"的生活方式和价值观念为社会所认可和接受,这样社会的生产不仅避免了生态的破坏,而且也能满足人们的真正需求,真正实现社会的普遍公平,每一个人都是自由而全面的人。

因此,高兹关于未来社会设想而提出的"更少地生产,更好地生活"的生产和生活方式,绝不会在资本主义制度内实现。这种生产和生活方式内在要

---

① André Gorz, *Reclaiming Work:Beyond the Wage-Based Society*, Blackwell, 1999, p.72.

求人们以最少的劳动、资源和要素的投入，以避免环境的污染，而又要获得尽可能少但又具有高度耐用性的和使用价值的产品。实质上，这种生产和生活方式本身就是对资本主义生产和生活范式的超越和扬弃，是对未来社会主义的新开拓和新构想。"更少地生产，更好地生活"的生产和生活方式内在规定着，在社会经济领域中产品的设计、生产和对产品的消费都要注重生态保护和实现人的真正需求。不仅在农业领域、交通领域还是直接的工业生产都要注重保护环境，实现人与自然的统一，而且还要实现人们在生产、劳动中的异化，以及被消除的自主生产和创造性的劳动。所以在未来社会中，危害人类生存和发展的生态危机将会消失，科学技术的突破、生产率的提高，以及社会必要劳动时间的减少，都"使人们从异化样态中获得解放"。①在这样的社会中，"要求利润最大和生产效益最多的经济理性从属于社会的生态政治目标"②。这是社会以生态理性来制约经济理性，用生态理性来指导人们的经济和社会活动的结果。在生态理性的支配下，人们能够克服消费异化，实现生活的质量不断提高。

二、自由自决的社会

根据马克思关于共产主义是人自由而全面发展社会的思想，高兹认为，真正的社会主义应是个体自由解放的社会，无论是在集体还是在个体的层面上都能自己决定自己。真正的社会主义是建立在社会和个人的自我调节和自我控制的基础上的人的自由自决的社会。高兹指出："社会主义作为一种意义的地平线，作为一种解放的乌托邦，一定不能够被设想为一种不同的经济和社会系统，相反，它是一种有意识地废除使社会成为一个系统、一个

---

①② André Gorz, *Capitalism, Socialism, Ecology*, Verso Press, 1994, p.31.

巨机器的所有东西的实践活动，同时伴随的是社会性的自主的自我调节形式的扩展——它使得个体性的自由发展成为可能。"①

（一）废除"付薪工作"

高兹指出，要实现人的自由自决的社会，关键是要消除资本主义社会的"付薪工作"形式。如果不改变"付薪工作"的形式，人的自由自决的社会就不会出现，就不会实现真正的社会主义。高兹指出，在资本主义经济理性支配的社会，人们的工作是以获取工资为目的的。在这样的社会里，工作变成了一种出售时间的外在精神的压迫和负担，这样的工作扼杀了人的主动性和创造性。不仅工作本身被异化，而且工人也成为异化的存在。没有创造性、自由自决活动的工作，就无法实现人的自由而全面的发展。处在"工作付薪"的社会中，人的精神感到压抑和紧张。人们在工作中，既不自由也不快乐，"真正的生活"开始于工作之外。高兹在《告别工人阶级》著作中深刻地指出："在废除付薪工作的社会里，人们将不在沉溺于经济生产的劳动，而是渴望从事自主性、创造性的活动并获得自我满足，自由自决的真正生活发生在工作之外。"②高兹强调，资本主义社会的付薪工作使工人失去了劳动的自由和快乐，付薪工作导致了对工人的剥夺和异化，在资本主义社会不可能实现人的全面而自由发展。所以我们有必要消除资本主义的付薪工作，从而让人们在工作当中和工作之外都能寻找到自主创造劳动意义上的快乐和自由。"在这样的工作之中人们的物质、文化、精神和愉悦的满足和工作之外的私人生活，可以而且应当成为完全一体的事情，这个事实就是：统一的生活。"③

---

① André Gorz, *Capitalism, Socialism, Ecology*, Verso Press, 1994, p.40.

② André Gorz, *Farewell to the Working Class*, Pluto, p.81.

③ Finn Bowring, *André Gorz and the Sartrean Legacy: Arguments for Aperson-centered Social Theory*, p.103.

　　高兹根据当代资本主义的新发展，特别是资本主义由工业社会到后工业社会的转型带来了社会阶级结构的新变化，指出当代资本主义社会中工人阶级的比重日益减少。随着社会生产力的不断发展，传统工人阶级的数量大量减少，社会中岗位需求最大的是服务部门。这些岗位的特点是低技能、不稳定和临时性。因此，从事专业性要求不高的工作，很难体现出工人劳动的价值，这些岗位为个人的提升提供的空间有限。高兹指出："在现代资本主义社会工业阶级已经几乎式微了，其中一部分被由女性组成的后工业工人阶级所替代，而这种后工业工人阶级处境的不稳定和任务形式的多变，已经不会衍生出能够承受起传统工人阶级的使命和地位。"[1]高兹结合当代资本主义的新变化，深刻地指出："工作自身已发生了变化，而'工人'本身也随之发生了变化。"[2]也就是说，在现代资本主义社会中不仅工作本身被异化，而且工人本身也是异化物的存在物。在现代资本主义，具有真正意义上的自我实现和创造性的工作已没有了，所以也就不可能实现工人自身的自由全面发展。

　　随着时代的发展，科学技术突飞猛进的发展，机械化和智能化大生产的出现，使社会必要劳动时间越来越少。这是传统意义上的工人阶级人数越来越少的根本原因。由于社会必要劳动时间的减少，同时也带来了工人的工作时间的减少。"从工作时间来看，工人的工作时间在 1960 年为 2150 小时，到 1990 年减少为 1650 小时，这其中还包括生病的 150 小时。每个工人的专职工作时间在减少，30 年来，工人的专职工作时间减少了 23%。与此同时，劳动效率提高了 3 倍，而失业和半失业者人数增加，而且他们无力养活自己的可能性正在增加，这正令人忧虑。"[3]高兹指出，在废除付薪工作的社会主义中，不仅使工人在工作时候能够使自己获得解放，而且在工作之外也能获得解

---

[1][2][3]　André Gorz, *Capitalism, Socialism, Ecology*, Verso Press, 1994, p.Ⅷ.

放。也就是说,废除付薪工作是全社会都能获得真正自我实现的基础。废除付薪工作的社会,不仅使人的劳动而且要使人的非劳动性的活动都变成了自我实现的创造性活动,而这是在没有废除付薪工作的资本主义是不可能实现的。

对于如何实现这一目标,高兹指出:"如果人们不管自由还是被迫,无论是社会还是私人,不能实现非付薪的工作,或者说废除付薪的工作不能等同于过去属于工人阶级的'工作',就不会使工人阶级产生阶级意识,这个'工作'使工人有阶级意识、阶级的观点,作为工人阶级,资本的利益与他们的利益根本对立。"①我们可以看出,高兹所指的非付薪工作可以使工人阶级具有阶级意识,而事实上所有的工作并不是都具有同样意义的工作,同时也不是所有的工作都是阶级属性和社会身份的来源。

高兹指出,要实现人的自由自决的社会,关键是要消除资本主义社会的"付薪工作"形式,如果不改变"付薪工作"的形式,人的自由自决的社会就不会出现,就不会实现真正的社会主义。在资本主义经济理性支配的社会中,人们的工作是以获取工资为目的的,这样工作就变成一种出售时间的外在精神的压迫和负担,扼杀了人的主动性和创造性。不仅工作本身被异化,而且工人也是异化的存在。没有创造性的、自由自决活动的工作,就无法实现人的自由而全面发展。处在"工作付薪"的资本主义社会中,人的精神感到压抑和紧张。人们在工作中,既不自由也不快乐。高兹指出,"真正的生活"开始于这种工作之外。

高兹认为:"我们是否必须去找寻一个代替付薪工作的活动资源和社会一体化模式?我们是否必须超越完全职业化的社会,而去计划建立一种'完全活动性'的社会,在这一社会中,每个人的收入不再是其出售工作所获得

---

① André Gorz, *Capitalism, Socialism, Ecology*, Verso Press, 1994, p.Ⅷ.

的价格？"①高兹认为,在社会主义社会里,效率、利润率和竞争性的经济价值不再起支配作用,而是利用其自身的经济服务于其更高的目的从而代替资本主义社会中整个社会被强迫为资本经济服务。高兹指出,在社会主义社会里,"工作、文化、沟通、快乐、需要的满足和私人生活能够而且应该是一件事情:一个统一的生活"②。高兹认为,实现与现存的资本主义彻底决裂,必须废除"工作付薪"这种工作形式,"要用一系列政策打破以工资为基础的社会,去发展以多元活动和文化为基础的社会"③。在未来的社会,工作不再是人们生活的中心和主要组成部分,社会的文化发展和个体的全面发展才是社会的主要发展目标,在这样的社会,才会真正实现所有人的自由自决。

（二）解放工作

高兹进一步指出要放弃"付薪工作",实现人的自由自决,必须对工作本身进行彻底的改造,使工作从异化状态当中解放出来。高兹认为,随着科学技术的不断发展,工作得以解放成为可能。"现代信息革命已经开启了工作解放的历史进程,表现在两个层面:一是越来越多的物质组织和生产化活动所需的工人被边缘化;二是工作中劳动不再是物质和劳动者之间的直接接触,商品生产不再是独立自主的直接个体的劳动结果。"④在当代资本主义社会,资本有机构成中不变资本的比例明显增加,可变资本的比例日益下降,大量由工人来完成的工作被自动化和计算机所替代。

随着科技的迅猛发展,社会必要劳动时间日益减少,满足人们的基本需求只须花费很少的社会必要劳动时间。当社会必要劳动锐减时,必然导致对工作需求的锐减。这就是资本主义社会里工人处于失业和半失业成为社会

---

① André Gorz, *Capitalism, Socialism, Ecology*, Verso Press, 1994, p.ix.

② Finn Bowring, *André Gorz and the Sartrean Legacy*, Macmillian Press, 2000, p.102.

③ André Gorz, *Reclaiming Work: Beyond the Wage-Based Society*, Polity Press, 1999, p.78.

④ André Gorz, *Paths to Paradise*, Pluto Press, 1983, p.33.

常态的根本原因。为了资本、为了获取巨额利润,资本家依旧尽可能地延长工作时间,同时资本主义在国家层面上给失业和半失业者提供必要的社会福利,积极建立"消费社会"和"福利国家"。资本主义社会通过消费控制,制造虚假需求以刺激消费,以保持资本持续获利。高兹认为,在与资本主义不同在社会主义社会里,随着社会必要劳动时间的锐减,社会必要劳动时间被平均分配,每个人的"业余"时间远远多于工作的时间,人们收入的主要来源不再是工作收入,收入的主要来源是社会"分配基金",人们可以在非常充裕的"业余"时间里实现个体的自由而全面的发展。高兹指出,如何使工作成为自主活动,是摆在社会主义者面前的紧急任务。"解放工作,使工作成为自主活动的愿望,内在于真正工作的本质,并且内在于工作的异化之中。即使当工作被异化之时,真正的工作也使主体把其作为自主活动的能力加以实行。"[1]

高兹在对资本主义社会的批判和对苏联模式的反思中,提出了其对未来社会主义社会的设想。高兹从生态的角度,阐明了资本主义经济理性的局限性,指出经济理性非理性扩张必然导致资本主义的生态危机和人的异化。要消除资本主义的生态危机和社会异化,就必须克服经济理性的非理性,这就要求发展社会主义生态理性,从根本上消灭资本主义制度。显然,高兹这些理论观点与马克思主义对资本主义社会的批判是内在一致的。

高兹认为,社会主义实施生态理性,必须在技术上进行工具转换,发展新的技术和生产方式,拓宽了发展社会主义的理论视野。虽然高兹只是给出了一些发展的创新性原则,没有更详细地阐述和描绘如何在社会主义里实施生态理性,但对我们当下建设中国特色社会主义具有重要的指导意义。

高兹提出,未来社会主义社会是人的自由自决的社会,这是高兹从存在主义的视角,以人本主义为理论基础提出的。高兹认为,社会主义就是要重

---

① André Gorz, *Capitalism, Socialism, Ecology*, Verso Press, 1994, p.57.

塑资本主义社会,从而赋予社会个体自由、平等和自我决定的权利。高兹提出的人的自由自决的社会,就是通过社会个体的解放来实现人类的解放,把个体的解放和人类整体的解放视为同一个过程,是符合马克思主义关于人的全面解放和自由发展思想的。高兹提出实现人的自由自决的社会必须废除"工作付薪"和使工作得到解放,是以现在科学技术飞速发展带来社会必要劳动时间大幅度减少,从而使解放工作成为可能为现实基础的,在理论上是可行的。但是这种现实基础和现实可能能否转化为实践确实还处于一种未知状态,这正如高兹自己所说的一样,问题在于行动,在于去实践。

　　总之,高兹关于未来社会主义的设想,从理论上来看,提出了不同于传统的社会主义的理论构想,对正确认识、发展科学社会主义和构建中国特色社会主义具有重要的理论意义;从现实实践上来看,放弃付薪工作,"更少地生产,更好地生活"等可操作性差,其社会主义思想中乌托邦的成分颇多,很难在当前社会条件下变成现实。

三、实现先进社会主义的策略

　　高兹对先进社会主义作了具体的蓝图设想,对如实现这一蓝图设想,高兹在其理论中提出要以劳工战略来实现先进社会主义。高兹提出的劳工战略不同于传统的工人斗争战略,高兹受西方绿党非暴力思想的影响,提出的新劳工战略不再像马克思主义一样通过倡导暴力革命夺取国家政权。高兹主张"非工人非阶级",以非暴力且合法斗争手段,在现有的秩序内进行渐进式的改良,逐步达到对资本主义政权的瓦解,从而建立新的社会主义制度。高兹指出,斗争最先可以在工厂和劳动场所开始,因为"新工人阶级可以通过直接的斗争最容易地掌握其工作的工厂和企业的领导权。在这里,新工人阶级受制于资本主义的专政并在社会中处于社会最底层, 所以工人在那里是作为一个集体的、真正反抗资本主义的力量而存在"[1]。也即,高兹提出的战略就是要求新工人阶级首先从工作场所开始同资本主义开展斗争。通过工人在工作场所的合法斗争,逐步掌握对生产的管理和控制,进而达到工人的自主管理,从而实现对资本主义社会的全面控制和领导,最终实现高兹所提出的先进社会主义的目标。

高兹详细阐述了其实现先进社会主义的经济、政治、文化和多元的运动策略。

（一）实现生态理性的经济策略

高兹指出,实现新社会的经济策略是其他策略的重要基础和前提。经济策略的主要的目标是用生态理性代替经济理性来支配社会,使经济理性的使用被限制在合理的范围之内,不再占据社会的统治地位。高兹战略就是要使经济理性服从于社会理性,从而实现人的自由全面发展。在具体操作层面上,主要是在工资不减少的情况下,减少工作的时间;使每一个人都拥有稳定的社会收入,从而在全社会建立"一定的劳动,一生的收入"的保障制度,使社会不仅能保护每个人的工作权,而且工作不再具有强制性。这些目标的实现必须通过社会必要劳动的重新分配和时间的解放来实现。

在资本主义经济全球化的今天,这种经济斗争的策略难度很大,因为世界各国的经济发展水平很不平衡。而高兹却指出,我们不可能也不应该去反对经济全球化,全球化有利有弊,全球化使资本主义的缺陷全球化。我们的战略是在资本主义的经济全球化中积极开展我们的战略,来抵制资本主义。高兹提出,金融资本并不是不可战胜的。当人们以为金融资本全球化了,所以我们无法开展我们的战略是错误的。限制和管控金融资本应在经济领域

---

[1] André Gorz, *Socialisme Difficile*, Paris, 1967, p.30.

之外,在政治和意识形态领域上找到解决该问题的答案。针对金融资本全球化,我们只要对流通货币征收一定比例的税收,就能达到管控金融资本的效果,因为它们是受经济理性支配的,获利是它们的首要目的。

(二)注重日常生活的文化策略

高兹提出,文化策略是对资本主义斗争的重要方面。由于时代特点不同,高兹提出的与现代资本主义斗争的文化策略,是必须更加注重日常生活层面的斗争。针对与现代资本主义文化斗争,高兹指出,不仅要在生产的场所进行,而且也要在且主要在生产场所外的日常生活中进行。在当代资本主义社会,新工人阶级对社会主义的感知性和对资本主义的批判,已不再是来自生产场所和生产斗争,而主要来自于他们作为公民、消费者和社区居民等身份感受并体验到的资本主义对他们残酷剥夺和压抑的日常生活。用马克斯·韦伯话语来说,就是人们意识到资本官僚工业机器侵占了人们的日常生活。在此,高兹深刻地指出:"关于资本主义对日常生活的殖民文化抗拒,在实质上确实是现代新的社会运动,但这些新的运动并没有自觉地、有目的地去反击在资本主义的现实统治起核心作用的经济理性。而这种运动主要是直接反对现代技术,直接反抗资产阶级和上流阶层的文化领导权,运动所反抗的仅是这种资本关系的社会结果和文化幻想,而不是资本主义的物质经济的核心。"①

高兹分析中提出的反击在资本主义的现实统治起核心作用的经济理性策略,是非常精辟的。高兹日常生活的文化斗争策略,深刻指明了当代工人阶级文化斗争的方向。新工人阶级的文化斗争策略必须以经济斗争为核心,在经济斗争的基础上进行文化斗争,在日常生活的文化斗争中,使新工人阶

---

① Gorz, A., *Capitalism Socialism Ecology*, Verso Press, 1994, p.72.

127

级对工作注入新的认识和觉悟,从而与过去的认识模式相决裂,使工人充分产生共鸣,自觉地寻找他们的认同。高兹也深刻地指出:"这样的文化转换仍要表现为政治计划和政治实践才能获得最终的实现。"①因为文化转换在最终意识上是一种政治理念的现实实践。

(三)自主联合的政治策略

高兹指出,经济策略、文化策略和政治策略是一个密切联系的整体。从根本上来看,经济策略与文化转换最后的实现必须有政治计划和社会实践来提供支撑和保障。工作时间减少、收入稳定以及多元的日常生活等,并不完全是一个经济和文化问题,从现实意义上来看,却是现实的政治问题。与资本主义斗争的经济策略与文化策略的政治前提,就是必须有一个从根本上与资本主义政治的决裂来保障。这种政治决裂是新社会诞生的基础和土壤空间。高兹指出,人们自主性的具有和拓展是政治的而不是经济的问题,"这不是权力的运行,它的职能就是使政治机器和管理机构能够实现有效地为扩大自主限制他主的领域效力和服务"②。只有在社会日常生活中社会斗争演变成政治层面的斗争,这样的政治斗争才有意义和价值。高兹认为,现代社会中对资本主义政治斗争存在着很大的局限性,这种政治行动滞后于社会的文化价值的转换和变迁。"现在存在的问题是政治斗争领域的变化没有能够赶上日常生活态度的转换。"③高兹指出,我们所提出的经济文化社会策略目的是要使社会中的每一个个体变为完全平等的公民。我们所有的问题及问题的解决都是一个社会政治问题,因为这些策略的实现和目的都是一种多元和自由选择时间的社会来规划并阐释存在新社会的新自由、新权

---

① Gorz, A., *Reclaiming Work*, Polity Press, 1999, p.59.

② Gorz, A., *Farewell to the Working Class*, Pluto Press, 1997, p.125.

③ Gorz, A., *Reclaiming Work*, Polity Press, 1999, p.64.

利以及新社会形式。高兹认为,政治政党是政治活动的主要载体,它们是具有自主意识的群体的集合体,为了实现自身的需求最大化而行动。政治政党是把集合体的共同意愿转换为社会行动的组织,具有自主意识的政党必然是反对资本主义的坚定力量。高兹深刻指出,现代资本主义政府中的政党正在不断式微,主要是政党的组织和形成并不是具有自主意识的个体所组成,而主要还是传统意义上政治统治的组织。高兹指出,现在要实现对资本主义的革命,建立未来的合理社会,作为集合体的政党及其行动要取得成功,必须联合和团结社会中的大多数,从而能够把大多数人组织起来,为更高社会价值和道德的实现进行斗争,这将意味着一个新社会的出现。

（四）多元的运动策略

1.导向社会主义的生态运动

高兹认为,生态运动是社会中面对生态环境问题、自发的一种维护人类自身合法生存和发展的行动,具有强大的社会号召力和凝聚力。我们应该知道,生态运动作为自发的运动,并不意味着一定会导向社会主义。作为客观知识的现代生态学,是人类在资本主义社会正在探索的实践中生成的生态环保理论和生态保护经验。资本主义社会中的生态运动也可以被限制在资本主义的框架之内,未必导向社会主义。因此,我们在生态运动中必须使生态运动与社会主义生态理性相结合,只有真正实现社会主义才能使生态环境保护,获得社会制度的保障。生态运动不能局限在资本主义制度的范围之内,建立生态资本主义是不可行,因为主导资本主义的经济理性和生态理性在根本上是不相容的。我们在生态运动中,必须坚持真正社会主义的运动方向和价值目标,决不能使社会中生态运动变为局限于资本主义社会范围内的环境保护活动。我们必须在生态理性的指导下,对资本主义社会进行生态重建,在全社会实现以最小的生态成本进行生产而取得社会上的最大财富,从而实现生态和谐的新社会。

2.实现妇女解放的女权运动

志在实现妇女解放、在性别上消除歧视的现代西方女权运动是与资本主义不公平制度进行斗争的有效形式。妇女真正获得了解放,那么人类也就能够获得真正的解放。因此,女权运动对于我们新社会的实现具有重要的促进作用,正确的引领和主导女权运动具有十分重要的意义。在女权运动中,要特别注意不要陷入资本主义经济理性的窠臼之中。传统的妇女运动总是非常渴望自身的劳动经济上获得与男性同样的收益,这确实是女性运动的重要方面,但不能过分拘泥于经济理性的追求之中。女性经济待遇的提高,确实标志着女性地位的提高,但这离女性获得真正的解放还很远。因为虽然女性在经济待遇方面提高了,获得和男性同样的收益,但在根本上女性并没有真正摆脱受资本盘剥的地位。高兹提出,女权运动本身作为社会解放的重要动力,必须坚持生态理性的指导,要用生态理性的逻辑来限制经济理性的过度使用。女权运动在运动发展过程中必须坚持实施经济、文化和政治策略的有机结合,从而使女性和男性平等地通过取得重新分配社会必要劳动时间的权利,使女性和男性平等地参与社会财富的分配,实现男女的真正平等。女权运动致力于使社会成为人的社会,不只是男人的社会,坚持追求社会中人与人的真正平等的实现,这有助于实现真正的社会主义社会。

3.实现自主的工作

工作不仅是人们的基本权利,也是人们的基本需要,是人们自我实现的前提和基础。随着人类社会的发展,工作的样态和概念也在不断发生着变化。在现代资本主义国家中,人们的工作在经济理性的支配下,工作更多是人们谋生的工具和手段。而在未来社会中,工作更多是人们自主创造性自我实现的体验。因此,高兹提出,实现自主的工作是人发展的迫切需要,这就必须改变资本主义的工作。高兹提出了改变资本主义工作的四条意见。

其一,要打破资本主义工作中的各种强制措施,如资本主义生产中的等级制强制及时间限制等。这是经济理性对工作的压制和支配,这使人被迫变成了资本主义强制工作的一部分。因此,我们必须打破这一资本主义的强制性,才能实现人自主性的工作。在生态理性的指导下,使工作成为人的自主创造和自我实现的一部分。其二,使工作与人们的日常生活相统一而不是相分离。在资本主义工作中,人们的工作与人们的日常生活处在分离的状态之中。人们一上班就盼望着下班,人们在工作之中和日常生活之中处于两种不同的样态。其三,使工作成为人的自主创造性的一部分,"工作成为生活的一个维度"①。使人们实现由被迫去工作到主动去工作,使工作成为人们多元生活中的重要组成部分,使工作成为造福人类、提升自我和探索世界的有机结合。其四,在教育中真正实现理论与实践的统一,把理论知识与现实活动紧密结合,使工作变成愉悦的创造和自我价值的实现,从而实现人类的理论知识和实践能力的全面提高。

4.建设生活工作统一城市

城市已经是现代社会中人们工作和生活的主要空间。空间与时间辩证统一,紧密联系并相互影响。高兹指出,现在资本主义城市空间的规划严重影响了人们所拥有的时间。在生态理性支配的城市之中,城市通过有效的对空间的规划和时间的组织,使人们能都自由、便利和愉悦地在各种设施和场所中开始自己的生活,在这种城市中,人们能够获得各种资源来开展多样的主体性活动。但在资本主义建设的现代城市,人们在一个地方工作,在另一个地方生活,生活和工作被切割了,人们忙于在城市中奔波穿梭。马尔库塞就曾指出,未来人们必须重新规划和重建城市。对此,高兹提出,在未来社会中人们在生态理性的支配下,通过城市的重修规划和建设,从而使城市能为

①　Gorz, A., *Reclaiming Work*, Polity Press, 1999, pp.98–99.

人们提供一个自主生活的条件,并创造条件发展和谐的邻里关系。在这样的城市社区中,人们的生活自主、便利和自助一体化,人们的本真多元生活变成现实可能。人们生活中的自主、他主和作为中间环节的城市达成了密切协调和统一的整体。在生态理性主导下的城市,经济理性被应用在生产社会必需品的领域之中,人们的自主活动不再受经济理性的掣肘和限制。社会中人与人的关系摆脱了市场关系,形成了新型的互助合作的邻里关系。

高兹对自己提出的理论设想具有自知之明。他指出,通过对资本主义的研究和他自己的系列思考,所提出来的理论设想只是现实中一种可能性,是消解资本主义和构建未来社会主义的一个蓝图。从根本上来看,这种可能性和蓝图是希望意义层面的。马克思主义告诉我们,人类社会的发展是人类社会基本矛盾——生产力和生产关系、经济基础和上层建筑运动变化和发展的结果。虽然高兹提出了详细和比较具体的运动策略存在着现实的基础,并且在理论上也具有一定的可行性,但这种可能性和蓝图主要是建立在高兹个体人本主义的理论之上。马克思主义基本原理告诉我们,高兹关于未来社会的理论设想,具有一定的空想色彩,能否真正变为现实,人类社会实践会做出最好的回答。

第三章　对高兹生态政治思想的评价

　　高兹生态政治思想,作为当代西方马克思主义的重要学派之一,是对人类社会发展面临生态危机威胁进行的生态反思而提出的理论观点和解决方略。高兹生态政治思想,从生态危机的视角深刻批判资本主义制度,精辟分析了当代资本主义社会危机向生态领域扩展的现实,并努力探索了解决生态危机的显明途径。高兹生态政治思想,使人们充分认识到了资本主义经济理性在本体论和存在论上的限度,深刻揭示了资本主义生态危机的制度根源;捍卫和拓展了社会主义。高兹这些研究不仅促发了人类社会对面临的生态问题来源分析及其治理的深入思考,而且对当代社会主义发展具有积极借鉴作用。因此,高兹生态政治思想具有重要的理论价值和现实意义。

　　高兹生态政治思想,把生态问题作为其理论批判和建构的全部出发点和归宿,用生态危机论代替了经济危机论。高兹过分强调了资本主义社会中的生态政治问题,认为马克思主义的经济危机论已经过时了,这不仅在理论上而且在现实实践中都是片面的。高兹在对资本主义生态问题的分析中,指出了资本主义所使用的科学技术问题,并提出了技术分为资本主义的技术和社会主义的技术、保护生态环境的技术和破坏生态环境的技术。高兹提出了要进行社会革命首先要进行工具转换,也就是技术的转换。这明显具有技术决定论的倾向。总体来看,高兹对未来社会的设想具有乌托邦色彩,其理论存在一定的局限性,我们必须运用马克思主义的观点来辩证分析和看待高兹生态政治思想。

第一节　高兹生态政治思想的积极意义

高兹生态政治思想是当今西方马克思主义最新发展的生态政治学派之一。高兹生态政治思想正是以西方马克思主义为其理论基础,直接汲取了经典马克思主义关于人与自然之关系理论、经济危机理论、劳动异化理论、阶级斗争以及社会革命理论等。高兹生态政治思想,从一开始就把资本主义社会作为其批判对象,以现实的生态危机为其理论批判的切入点。高兹生态政治思想尝试把生态理论与马克思主义理论以及人本主义思想结合起来,致力于把生态运动与社会主义运动统一起来,对构建未来社会主义社会具有积极意义。

一、深刻揭示了生态危机的制度根源

高兹从生态危机视角对资本主义制度进行了深刻的批判,指出了生态危机的根源是资本主义制度。经济理性支配的资本主义社会是反生态的,资本的逻辑就是要实现资本利润的最大化,要求最大化生产和最大化消费。高兹指出,资本主义的生产方式和生活方式势必造成生态危机。高兹生态政治思想具有鲜明的革命性,超越了一般的生态保护主义的理论观点和阶级立场,深刻批判了资本主义制度。高兹生态政治思想,通过揭示生态问题的由来和本质,使我们深刻认识到资本主义制度不仅造成了人与自然的异化,还

造成了人对人的异化,丰富和发展了马克思主义对资本主义的批判。

(一)经济理性支配的资本主义社会是反生态的

经济理性是资本主义理性的核心和基础。经济理性支配的资本主义社会是反生态的,资本的逻辑就是要实现资本利润的最大化,要求最大化生产和最大化消费。高兹通过分析资本主义社会资本的生产逻辑,深刻阐明了经济理性支配的资本主义社会是反生态的。

高兹指出,经济理性在资本主义社会中获得了完美体现,资本主义经济理性的逻辑和本质是追求利润最大化,资本主义和经济理性的内在是一致的。"它无情地斩断了把人们束缚于天然尊长的形形色色的封建羁绊,它使人和人之间除了赤裸裸的利害关系,除了冷酷无情的'现金交易',就再也没有任何别的联系了。"①

经济理性的内在逻辑是要求越多越好的逻辑。"资本主义社会过去和现在都是这样的社会的唯一形式,这样的社会以最大限度地提高生产率和利润为目标,使竞争成为它的第一法令,不懈地追求把社会、教育、劳动、个人和集体的消费纳入资本最大可能的物价稳定措施的服务中。因此,扩张了经济理性的统治,经济理性借助于市场的逻辑在生活和工作的所有领域毫无限制地表现自己。"②经济理性并不能无限膨胀,经济理性过度扩张势必走向其反面。

资本主义的经济理性和工具理性在本质上是内在一致的。在经济理性的驱动下,工具理性的过度扩张和"双刃剑"效应的全面彰显,其负面作用危害了人类生态环境。高兹指出在资本主义社会,社会选择不断地以技术选择

---

① 《马克思恩格斯选集》(第一卷),人民出版社,1995年,第274页。
② Andre Gorz, *Capitalism, Socialism, Ecology*, Verso Press, 1994, p.39.

为幌子强加给人们，这些技术选择正赤裸裸地成为资本主义社会唯一可能的选择，而不是必要的、最高效率的社会选择。高兹认为经济理性主导资本主义社会所使用的一些科学技术主要是为了让资本主义获利，因为这些技术符合资本主义逻辑，适合资本主义持续统治。高兹认为技术并不是中性的，技术反映并且决定生产者和他们产品的关系、人和环境的关系。"技术不是一种命运而是一个斗争的舞台，它是一个社会的战场……在它上面人们讨论并决定着文明的选择。"①高兹具体通过对资本主义所采用的核电、汽车和医疗等技术的批判，深刻揭示了资本主义不断采用追求最大限度生产和最大限度消费的技术方式，势必将日益导致资源的匮乏和能源的短缺，造成生态危机。

高兹指出，经济理性支配的现代资本主义社会所采取的科学技术带来资本主义生产力的巨大发展。资本主义要求社会大量生产大量消费，这给资本家带来了丰厚的利润，但也加剧了资本主义社会对地球资源的过度开发，破坏了自然和谐的生态环境，必将导致生态危机来临。经济理性的非理性使用造成现代资本主义生态问题的恶化。

高兹指出，如果经济理性不能被理性使用，逾越自身的界限，就会变为非理性。现代资本主义在经济理性支配下日益膨胀，为了利润最大化，越来越跨出国门，走向国际，加强了对全球资源的剥夺和垄断。经济理性支配下的资本主义表现得越来越不理性，资本主义经济理性的非理性扩张，不仅导致经济的增长以牺牲环境和资源为代价，必然带来资本主义的生态危机；而且以透支子孙后代的福祉换来资本主义的虚假繁荣，不能使人们的需要得到真正满足。

高兹深刻指出："生态理性使我们认识到人们的经济效率是有限的，生

---

① Andrew Feenberg, *Questioning Technology*, Routledge, 1999, p.15.

态理性建立在超经济的基础上。经济理性告诉我们超过特定的限度,试图克服经济上相对贫乏的努力却造成了不可克服的、绝对的贫乏。总的回报是负的,生产导致的破坏比生产带来的收益更多。当经济活动毁坏了自然生态系统的平衡或摧毁了永不恢复、永不再生的资源时,这种负数现象就会来临。"①

　　高兹通过对生态理性的阐释,深刻批判了资本主义实施的经济理性,深刻揭露了资本生产无限扩张的资本逻辑所必然带来的对自然资源的无情掠夺,最终导致资本主义的生态危机。高兹通过对资本主义生态理性的深刻批判,指出了以经济理性为主导的资本主义制度是反生态的。

(二)资本主义的生产方式和生活方式势必造成生态危机

　　在经济理性占主导的资本主义社会,资本家为了获得更多的利润,主张大量生产和大量消费。这就要求资本必须持续地扩大再生产,因此势必会肆无忌惮地占有和剥夺自然资源;同时,资本家通过资本所控制的各类传媒不断刺激大众的占有欲、虚荣心,制造虚假意识,导致人们盲目追求虚假需求,让人们按照享乐主义的方式生活。资本家通过多种多样的传媒手段来控制和引导大众消费,各类商品层出不穷,一些商品从最初的稀缺品成为人们日常的生活必需品,新的匮乏和稀缺不断被资本家人为打造出来,商品更新换代没有穷期,形成了为消费而消费的异化消费,造就了"消费社会"。资本主义生产方式是以追求利润为最高目的的商品生产,资本主义的生活方式服务于其生产方式,并内在一致为资本获利服务。高兹指出,资本主义消费方式使人们沦为资本主义商品消费的机器。由于资本家追逐利益贪婪成性,资本家势必在全球扩大其生产规模。

　　随着资本主义生产规模在全球的持续扩张,资本的平均利润率势必不

---

① Andre Gorz, *Ecology as Politics*, South End Press, 1980, p.16.

断下降。资本家为了保证自己的利润,必然对自然资源在全球范围内进行最大限度地开发和利用,这势必造成全球自然资源被大量破坏和过度开发。与此同时,基于利润最大化和成本最小化原则,资本家不会按照生态环境保护的要求对垃圾进行生态化处理, 资本生产中产生出的垃圾和污染被任意丢弃或排放,过度消费的现象普遍存在,带来了严重的生态环境污染。高兹指出, 资本主义这样的生活方式带来的异化消费,"加速破坏了其赖以存在的不可再生资源基础;其对不可再生资源过度耗费,如森林、石油等。其以惊人的速度造成不可再生资源日趋匮乏。"①资本主义的生产方式和消费方式,全然不顾对生态环境造成的危害,使得生态环境日益恶化,人与自然环境的关系日趋紧张。要求利润最大化的经济理性不断推动着资本主义的生产方式、生活模式在全世界扩张, 这种高生产高消费实际造成高浪费的生产和消费模式,必然造成人与自然关系紧张,带来生态危机。资本主义制度造成了对人类自然资源不计生态后果的全面掠夺, 以利润为驱动的资本主义的生产方式和生活方式势必造成生态危机。

高兹认为, 在现代技术条件下资本主义社会创造的财富已经能够满足人们的基本生活需要,由于资本主义追求利润至上的逻辑,从而造成过度生产并导致过度消费和奢侈浪费。现在,发达资本主义正通过占有和剥夺不发达国家资源来转嫁本国的生态危机,这势必会加剧全世界的生态环境问题。高兹通过对经济理性支配下资本主义的生产和生活方式的批判, 深刻揭示了资本主义制度是造成生态危机的制度根源。高兹认为,只有以生态理性驾驭经济理性,超越资本主义制度,摒弃经济理性,人类社会才能从根本上解决生态危机,从而实现人类社会的永续发展。

高兹对资本主义经济理性的深刻分析和批判, 是对资本主义经济万能

---

① Andre Gorz, *Ecology As Politics*, South End Press, 1980, p.5.

思维的当头棒喝。高兹提出的用社会主义生态理性取代资本主义经济理性支配社会的设想,给我们提供了一种崭新的生态治理的思路和视角。高兹对资本主义的批判,深刻指出了生态环境问题产生的实质。高兹提出的生态问题,确实是现代资本主义社会面临的严重社会问题。

二、捍卫和拓展了社会主义

高兹提出经济理性主导的资本主义制度是生态危机的根源,只会加剧生态问题,并不能使生态问题得到有效治理。保护生态环境必须回到社会主义的道路,建立真正的社会主义。针对东欧剧变、苏联解体之后在国际范围内社会主义处于低潮,高兹提出资本主义并没有胜利,真正的社会主义并没有失败,从而捍卫了社会主义。高兹从生态政治的视角,对传统社会主义进行了深刻反思。高兹深刻指出了苏联社会主义与资本主义一样都是经济理性支配的社会,反思了苏联社会主义的不足和弊端,并指出苏联社会主义并不是真正的社会主义。高兹指出要保护生态环境必须实施生态理性,只有发展社会主义才能真正解决生态环境问题,高兹从生态视域拓展了社会主义。因为资本主义社会是经济理性主导的社会,经济理性与资本主义社会内在一致,互为一体,在资本主义社会不可能实施生态理性。高兹高举社会主义旗帜,深刻论证了社会主义存在的必要性,深化了我们对社会主义的理解,坚定了人们对社会主义的信心。

(一)提出了新的生产方式和消费方式

高兹深刻提出了经济理性支配的资本主义其生产和消费方式对生态环境的破坏,资本主义制度势必造成生态危机。资本主义为了获得高额利润就制造大量生产和大量消费。这不仅造成了生态危机,而且人们的大量消费也并没有给人们带来应有的满足和幸福。高兹指出,消费和幸福并不等同,因此提出"更少地生产,更好地生活"的新理念。在新理念的指导下,社会既能避免过度生产和大量消费带来的环境破坏,同时又能消除消费异化,实现人们高质量的生活。这种新理念促使人们不再注重物质消费,不再刻意追求物质消费的数量;而且还使人们更加关注精神文化的消费,更加注重生活质量的提高。高兹在对资本主义生产和生活方式反思的基础上,提出了新的生产和生活范式,对我们构建文明健康的生活具有重要意义。

新的生产和生活范式是"更少更好"的生产和生活。人们在生态理性的支配下,摒弃了经济理性所推崇的越多越好的理念,不盲目追求更多消费,把更少和更好连接起来,把更少的生产和更好的消费结合起来。资本主义的生产方式和消费模式,是资本家利润至上导致的超量生产和过度消费,而在未来生态理性主导的生态社会将遵循"更少更好"的原则,用尽量少的社会劳动和自然资源,生产经久耐用、迭代少的产品,就能满足人们实现更好生活的需求。在这样的社会,人们更加注重精神愉悦和维持良好的生态环境。"投资已不是为了追求经济的增长,而是摆脱了经济理性的束缚和不受资本、效率与利润至上的要求所主导的一种自然发展。"[①]未来的社会主义在生态理性主导下,人们的社会精神文化发展和个人全面自由发展成为社会发展的首要目标,整个社会的生产关系、使用的技术、消费方式和人与自然的关系都发生了质的改变。人们摆脱了消费异化的控制,消费着更少更好和更加耐用的产品来满足自身生活。人们的生活更加轻松和快乐,自主和自由的时间变得更多。

高兹在设想的未来社会主义中提出的这种新的生产方式和消费方式,实现了更少的生产,摆脱了过量劳动;坚持更好的生活,摆脱了过度消费。高

---

① Andre Gorz, *Capitalism, Socialism, Ecology*, Verso, 1994, p.95.

兹指出未来社会主义通过实现劳动解放,超越了劳动异化;通过必要消费更好生活,超越了异化消费。这种"更少更好"的生产方式和消费方式,使人们自主领域不断扩充,在生活世界去殖民化和日益自主化,人们有更多的时间和精力去进行自主性的创造活动,从而不断实现自我价值。

高兹提出的这种新的生产方式和消费方式告诉我们,人们的满足和自我价值的实现在于生产的创造性活动,而不在于满足自身的物质消费活动。人们在自我满足的适度消费的生活中,通过自主的创造性劳动不断实现生命的价值意义。

(二)对社会主义生态文明建设具有重要意义

高兹深刻指出,资本主义追求利益至上和享乐主义给人类和生态环境带来危机,造成了人与自然、人与人的异化。高兹指出未来生态和谐的社会必须是以生态理性为主导,实现经济发展和社会发展、人与自然、人与人和谐统一的社会。高兹的这些创见,对我们当代社会主义生态文明建设具有重要意义。

高兹指出,资本逻辑必然导致人和自然的扭曲关系、人和人的异化关系,这是资本主义经济理性支配资本主义扩张的历史必然。社会主义作为超于资本主义的社会制度,生态文明建设决不能走资本主义的金钱至上、破坏自然的老路。社会主义应该坚决扬弃经济理性,以生态理性为主导,注重经济、政治、社会、文化和生态的协调发展,从而实现人与自然、人与人的发展和谐统一。

社会主义应坚持发展生态理性,科学处理人与自然、人与人以及人与社会的关系,决不能走资本主义导致生态危机的发展老路。高兹提出要用生态理性来驾驭经济理性,实现生态理性主导的社会,对我们科学认识和正确理解社会主义生态文明建设具有重要价值。

第二节　高兹生态政治思想的理论局限

高兹生态政治思想，把生态问题作为其理论批判和建构的全部出发点和归宿，过分强调了资本主义社会中的生态政治问题，用生态危机论代替了经济危机论，认为马克思主义所论证的资本主义的经济危机论过时了。高兹用生态危机论代替了经济危机论，这不仅在理论上而且在现实实践中，都是片面的。高兹认为，科学技术具有意识形态属性，提出了技术分为资本主义技术和社会主义技术、保护生态环境的技术和破坏生态环境的技术，并提出了要进行社会革命首先要进行工具转换；高兹的技术观点具有技术决定论的特质。高兹关于未来社会主义的构想，虽在解决生态和社会问题上有一定借鉴意义，但因缺乏切实可行的实际操作方案而明显带有乌托邦的色彩。

一、用生态危机论代替了经济危机论

高兹生态政治思想，从生态危机的视角充分批判了资本主义制度，确实使人们充分认识到了资本主义经济理性在本体论和存在论上的双重限度。但是高兹在批判资本主义制度过程中，过于偏重生态问题，过分突出了资本主义社会中的生态政治问题，同时高兹还指出马克思所提出的资本主义经济危机理论过时了。高兹对资本主义的批判并没有抓住当代资本主义社会的主要矛盾，这不仅在理论上，而且在现实实践中都是片面的。从理论上看，现代资本主义虽然出现了新情况和新问题，特别是生态问题确实严重危害了资本主义社会的发展和人民的生命安全及身体健康，但现代资本主义主要问题仍然是经济问题。资本主义国家两极分化严重，经济发展问题仍然是当代资本主义的首要问题。

马克思指出,当资本主义生产力发展到一定时期,就会爆发生产相对过剩的经济危机。资本主义经济危机发生时,资本家生产的大批商品无法卖出,大量制造工厂被迫停工或减产,大批银行企业歇业或倒闭,经济普遍萧条。马克思深刻指出,资本主义经济危机的实质是生产的相对过剩危机。相对过剩的经济危机是指相对工人阶级有限支付能力来说,资本主义生产的社会商品相对过剩,而不是绝对过剩,而工人阶级的现实需要并没有得到有效满足。马克思指出:"一切现实的危机的最终原因始终是:群众贫穷和群众的消费受到限制,而与此相对立,资本主义生产却竭力发展生产力,好像只有社会的绝对的消费能力才是生产力发展的界限。"①资本主义社会的有效需求不足,不能及时消费资本主义生产出来的商品,社会商品的过剩是相对的过剩。

经济危机是由于社会化大生产和资本主义生产资料私有制的矛盾所导致的生产相对过剩的危机。实现资本主义社会再生产必须通过资本主义经济危机这种方式强制解决。通过经济危机这种强制解决方式,实现了资本主义社会再生产由失序到有序、由失衡变为平衡。但这种强制解决方式是以经济的瘫痪、社会财富和资源的巨大浪费为成本和代价的。

马克思深刻指出,经济危机具有盲目性和自发性。资本主义经济危机是由于资本主义生产中第一部类和第二部类的生产者,在价值规律与资本主义剩余价值规律的共同作用下形成的。两大部类生产者所从事的生产在资本主义社会不能有效协调,失序是常态。这种生产过剩的失序,使资本主义社会总产品难以及时实现,生产的实物替换和资本的价值补偿不能及时满足,这些问题不断累积就会出现经济危机。资本主义的基本矛盾是导致经济

---

① 《马克思恩格斯选集》(第二卷),人民出版社,2012 年,第 586 页。

危机发生的内在原因。资本主义的基本矛盾,一方面表现为生产与消费之间的矛盾,具体就是资本主义生产的无限扩大与工人阶级支付能力不足之间的矛盾;另一方面表现为整体的无序与局部的有序之间的矛盾,具体就是资本主义社会生产的无政府状态与资本家每个企业内部生产的有组织性之间的矛盾。"市场的扩张赶不上生产的扩张。冲突成为不可避免的了,而且,因为它在把资本主义生产方式本身炸毁以前不能使矛盾得到解决,所以它就成为周期性的了。"①

随着资本主义社会生产力的不断发展,资本主义从自由竞争阶段进入垄断资本主义阶段,资本主义的基本矛盾日益尖锐化,严重阻碍资本主义生产力的进一步发展。二战后,资本主义经济危机表现形态发生了变化。资本主义为尽快恢复经济发展在经济调节方式上进行了调整,在持续发挥市场机制支配地位作用的同时,开始对国民经济发展进行整体干预。资本主义国家不断承担起了促进经济增长、维持市场秩序和扩大社会福利等重要职能,对国民经济进行全面干预,并与市场机制紧密协调,共同促进了二战后资本主义经济的繁荣发展。但这只是延缓了资本主义经济危机的发生,并不能使资本主义摆脱经济危机的命运。

自20世纪70年代资本主义国民经济发展进入滞胀时期以来,资本主义国家在西方新自由主义思想影响下,普遍采取弱政府少干预和注重市场自发调节的方式,把国有企业私有化以提高经济活力;改革福利制度,降低财政负担;减少对经济与金融的干预。随着政府调控经济能力的减弱,资本主义基本矛盾表现越来越突出,社会化生产与资本主义生产资料私有制之间矛盾越来越尖锐,资本主义进一步陷入停滞和衰退。"今天,在经历了政府的强化管制、放松管制、再次强化管制的循环之后,资本主义危机仍然反复

---

① 《马克思恩格斯文集》(第三卷),人民出版社,2009年,第556页。

发生。"①资本主义经济危机表现出新特征,经济日趋金融化,经济竞争力不断下降;产业空心化和去工业化日益严重,实体经济和虚拟经济严重脱节;债务危机和财政赤字加剧发展;社会两极分化加剧。2008 年由美国引发的国际金融危机,对整个世界经济造成了重创。"新的国家干预主义制度可能会帮助资本重新积累,但是,建立新的体制需要相当长的时间。"②

2008 年由美国引发的国际金融危机,深刻说明了当代资本主义的主要问题仍然是经济问题。从理论上,马克思主义经济危机理论并没有过时。生态危机确实是资本主义面临的一个重要矛盾,但资本主义社会的主要矛盾仍然是日益增长的社会生产力与资本主义私有制制度之间的矛盾。实际上,生态问题是资本导致的经济危机的反映和展现,资本主义社会的深层矛盾还是经济危机。2008 年美国引发的金融危机,充分证明了马克思所预言的经济危机理论不仅没有式微,而且还能够非常合理地解释美国金融危机的产生和爆发。金融危机是资本主义通过次贷等虚拟经济形式进一步刺激消费,继续维持资本高利润而导致的危机,是马克思所指出的周期性经济危机的最新表现形式。

二、技术决定论倾向

高兹在资本主义生态问题的分析中,指出了资本主义的科学技术问题,认为资本主义社会所采用的技术与资本主义一样在本质上是反生态的,这一观点是非常深刻的。高兹通过剖析资本主义所使用的科学技术,揭示了资本家在经济理性的驱动下凭借科学技术实行"技术法西斯主义"必然对生态

---

① [美]斯蒂芬·雷斯尼克、理查德·沃尔夫:《经济危机:一种马克思主义的解读——兼与凯恩斯主义经济学和新古典主义经济学比较》,孙来斌、申海龙译,《国外理论动态》,2010 年第 10 期。

② [美]大卫·科茨:《马克思危机论与当前经济危机:经济衰退或严重积累结构型危机?》《国外理论动态》,童珊译,2010 年第 12 期。

造成危害。科学技术被资本主义赋予了资产阶级意识形态,资产阶级凭借其选择的科学技术加强了对自然界的剥夺,必然带来生态危机。

马克思指出,资本主义所创造的生产力是以往任何社会所不能比拟的。资本主义在经济理性驱动下凭借科学技术发展了人类社会生产力,推动了人类社会发展。马克思和恩格斯在《共产党宣言》中鲜明指出:"资产阶级在它的不到一百年的阶级统治中所创造的生产力,比过去一切世代创造的全部生产力还要多,还要大。自然力的征服,机器的采用,化学在工业和农业中的应用,轮船的行驶,铁路的通行,电报的使用,整个整个大陆的开垦,河川的通航,仿佛用法术从地下呼唤出来的大量人口——过去哪一个世纪料想到在社会劳动里蕴藏有这样的生产力呢?"[①]

高兹认为,资本主义社会与以往任何社会相比,给人类社会带来了生产力的空前发展。但高兹指出,资产阶级凭借其选择的科学技术加强了对自然界的剥夺,造成了严重的生态问题。资本主义在经济理性驱动下,坚持资本利益至上,凭借其选择的科学技术攫取最大化利益,对人类的生态环境造成史无前例的巨大毁坏,严重影响到了人类社会的生存和发展。比如,大量二氧化碳的排放导致全球变暖、水污染、空气污染等环境污染加剧、全球能源日趋紧张。大量事实说明,资本主义所采用的科学技术加剧了对大自然的破坏,具有反生态性。人类自然资源不是无限的而是极其有限的,其承载污染的能力也是有一定限度的。自然界的修复能力远远不及资本主义的破坏能力,资本主义对利润无止境追求的贪婪,促使其选择的技术对地球造成了更大的生态破坏。资本主义索取利润的无限性和生态污染承载能力的有限性之间存在着巨大的矛盾。

高兹指出,资本主义也认识到地球的自然资源是有限的,也积极地采取

---

① 《马克思恩格斯选集》(第一卷),人民出版社,2012年,第405页。

了一些资本主义的解决方式。资本主义提出以核电技术来替代通过石油资源来发电,以缓解日益严峻的能源紧张,选择核电技术成为资本主义缓解生态问题的现实方案。高兹指出,选择核电其实质也以资本家获取更多的利益为前提。核电的开发和利用绝非偶然,它是特定时代与特定制度相结合的产物。二战后,由于西方工业化的迅猛发展,环境恶化和能源危机纷至沓来,特别是1973年世界石油危机的首次爆发,使西方大国日益关注核电技术的开发与利用,以替代传统石油能源。虽然巨大的核风险在理论和实践上并没有被消除,但资产阶级并没有抵挡住通过发展核电获取巨额利润的诱惑。"资本的逻辑就是攫取利润,而把成本转嫁给整个社会,核电对资本来说是高收益的,对整个社会来说却是高风险的。高兹指出核电技术包含着巨大的生态风险和安全隐患。由于核电技术本身的辐射风险高、利用难度大、技术要求尖端等特性,核事故始终是悬在人类头上的达摩克利斯之剑。"[1]高兹对资本主义采用核电技术的批判是深刻的。

高兹的科学技术观点是在继承了西方马克思主义法兰克福学派的观点上提出的,认为科学技术具有意识形态的性质。"科学和技术是受统治意识形态支配或者说对它没有免疫力。它们作为生产力,从属于这个生产过程并一体化,不可避免地会带有资本主义生产关系的特征。"[2]对此,高兹对技术进行了分类。

与此同时,高兹指出要进行社会革命首先要进行工具转换,也就是技术的转换,即摒弃资本主义的技术。高兹这一观点明显具有技术决定论的倾向。技术决定论是20世纪70年代技术发展理论中一个重要流派,其主要观点认为技术具有自主性,技术选择决定社会变迁。高兹作为同时代的人,深

① 梁飞:《高兹资本主义核电技术批判理论及其当代价值》,《学术探索》,2012年第1期。
② Andre Gorz, *The Division of Labour*, The Harvester Press, 1978, p.165.

受技术决定论影响。但"高兹把技术起作用的机制简单化,把技术的作用绝对化。马克思主义并不否认科学技术对社会发展有重要的推动作用,但认为这种通过技术的转换使人类社会就自然而然地过渡到新的历史阶段,从而忽视生产关系和上层建筑变革的必要性,是错误的"①。

马克思主义认为,科学技术是促进人类社会发展的巨大杠杆。科学技术是"最明显的字面意义而言的革命力量"②。马克思主义认为,人类社会的发展深受科学技术的影响,科学技术具有"双刃剑"效应。一方面,具有正面作用,能够推动人类社会发展,造福人类社会;另一方面,会给人类社会带来负面效应,其"表现为异己的、敌对的和统治的权力"③。马克思主义认为,技术对人的异化并不在于技术本身,而在于技术的资本主义应用,技术对人的异化根源在于人对人的异化,技术是中性的,科学技术并不是意识形态。马克思深刻指出,工业文明就是通过技术的不断进步来实现物质财富的极大增长,同时科技对人的异化日益严重。工业文明推崇的唯物质主义,导致对人性的扭曲和对自然的剥夺。

科学技术深刻重塑着人与自然、人与社会和人与自身的关系。马克思主义认为,科学技术作用的发挥既受人类社会现有客观条件的制约,也受特定社会主观条件的掣肘。总体来看,人类社会客观方面的社会制度和主观方面的观念等都影响着科学技术运用的综合效应。由于资本主义私有制的局限,资本主义所采用的科学技术不仅不能有效解决人类面临的生态问题,反而会导致生态危机。马克思主义认为,技术对人的异化并不在于技术本身,而在于技术的资本主义应用,技术对人的异化根源在于人对人的异化,技术是中性的,科学技术并不是意识形态。马克思深刻指出,工业文明就是通过技

---

① 梁飞:《高兹资本主义核电技术批判理论及其当代价值》,《学术探索》,2012年第1期。
② 《马克思恩格斯全集》(第25卷),人民出版社,2001年,第592页。
③ 《马克思恩格斯文集》(第八卷),人民出版社,2009年,第358页。

术的不断进步来实现物质财富的极大增长,同时科技对人的异化日益严重。工业文明推崇的唯物质主义,导致对人性的扭曲和对自然的剥夺。

高兹指出要进行社会革命首先要进行工具转换。高兹这一观点,在理论上是片面的,而且在实践中也是无法实现的。技术决定论的局限在于过分夸大了技术的作用,认为人类社会历史发展受技术水平决定。高兹认为,要超越资本主义制度,首先要摒弃资本主义的技术。高兹指出,在现有资本主义制度下,首先要变革资本主义所采用的科学技术,提出通过率先转换资本主义的技术来破解生态问题,进而推动社会转换,改变资本主义制度。这种理论认为人类社会是随着科学技术的不断发展而变迁的线性发展过程,具有理想主义色彩。

技术决定论过分夸大了科学技术在人类社会发展中的作用。马克思主义告诉我们,社会基本矛盾决定着人类社会发展的社会形态,并推动着人类社会不断发展。人类社会的基本矛盾由生产力与生产关系、经济基础与上层建筑构成。马克思主义强调,人类社会基本矛盾的表现形态和解决路径在不同社会各不相同,人类社会形态的变化和发展根本上受制于社会基本矛盾的运动和发展。在存有阶级斗争的阶级社会,人类社会基本矛盾普遍会通过特定社会阶级的矛盾呈现出来,或者直接表现为不同阶级集团之间的物质利益的矛盾和冲突。随着阶级社会中社会基本矛盾的累积和发展,会导致不同物质利益的阶级之间的矛盾日趋尖锐对立,阶级之间日趋尖锐对立的矛盾达到一定界限就会造成激烈的社会斗争和阶级革命,从而引发人类社会形态转换和变迁。

生产力与生产关系、经济基础与上层建筑的矛盾作为人类社会的基本矛盾,贯穿和支配着人类社会发展的始终,决定着人类社会发展形态的社会性质。在现实生活中,人类社会的基本矛盾是通过社会的经济、政治、社会、文化和生态等多方面具体现实的矛盾呈现出来。同一社会形态的不同现实矛盾的发展变化会使社会发展表现出特定的特征。现实社会中各个领域所表现出来的具体矛盾都是人类社会基本矛盾在不同社会形态中的体现。

现实社会各个领域中的各种矛盾的作用和地位是不同的，表现为非均衡性。毛泽东指出："对于矛盾的各种不平衡情况的研究,对于主要的矛盾和非主要的矛盾、主要的矛盾方面和非主要的矛盾方面的研究,成为革命政党正确地决定其政治上和军事上的战略战术方针的重要方法之一，是一切共产党人都应当注意的。"[1]

这些社会矛盾中有主导社会发展的主要矛盾与不起主导作用的非主要矛盾。马克思主义告诉我们,社会主要矛盾是指在人类社会发展中处于支配地位、在社会发展中起主导作用的矛盾。社会主要矛盾和社会非主要矛盾的存在和发展的关系辩证统一,其中社会主要矛盾决定着社会非主要矛盾,社会非主要矛盾影响着主要矛盾;二者相互作用、相互影响,在一定条件下相互转化。

通过以上分析我们可以看出,生产力与生产关系、经济基础与上层建筑作为社会基本矛盾,纵穿人类社会发展的始终,决定着人类社会发展阶段的社会属性。社会基本矛盾与社会主要矛盾不是一个层次意义上的矛盾,二者并不相同。总体来说,社会基本矛盾决定着社会主要矛盾,社会主要矛盾是社会基本矛盾在社会发展一定阶段上的具体体现。

一个社会的主要矛盾是不断变化的。同一个社会在不同的发展阶段可能会有所不同。马克思和恩格斯强调要抓住社会的主要矛盾。"为了达到伟大的目标和团结,为此所必需的千百万大军应当时刻牢记主要的东西,不因那些无谓的吹毛求疵而迷失方向。"[2]

---

① 《毛泽东选集》(第一卷),人民出版社,1991年,第326~327页。
② 《马克思恩格斯全集》(第38卷),人民出版社,1972年,第270页。

　　高兹所批判的资本主义社会是一个存在着资本主义和工人阶级对立的社会。资本主社会的主要矛盾是资产阶级和工人阶级的矛盾。马克思指出，阶级斗争是阶级社会发展的直接动力。"没有对抗就没有进步。这是文明直到今天所遵循的规律。"①高兹从技术决定论的视角来谈论资本主义社会的转换，脱离了资本主义社会的主要矛盾来分析资本主义社会，是片面和错误的。在资本主义社会，离开了资产阶级和工人阶级的阶级斗争，就无法理解社会的发展。恩格斯指出："用'历史唯物主义'这个名词来表达一种关于历史过程的观点……这种观点认为，一切重要历史事件的终极原因和伟大动力是社会的经济发展，是生产方式和交换方式的改变，是由此产生的社会之划分为不同的阶级，是这些阶级彼此之间的斗争。"②资本主义社会的发展是同资产阶级与工人阶级的阶级斗争密切联系在一起的。

　　从人类社会形态更替的历史来看，阶级斗争是阶级社会发展的直接动力。当社会基本矛盾不能调和的时候，生产关系成为生产力的桎梏，上层建筑不能适应经济基础，维护旧秩序的反动统治阶级势必会同代表先进生产力发展要求的阶级激烈对抗。激烈的阶级斗争必然导致社会革命，从而使代表生产力发展要求的阶级推翻维护旧秩序的反动统治阶级，确立新的社会制度，促进生产力的发展和人类的进步。

　　高兹提出的要进行社会转换首先必须进行技术转换的观点，没有坚持马克思主义的阶级分析方法来分析资本主义社会，其观点和结论是错误的。马克思主义告诉我们，人类社会历史形态的更替并不直接是技术转换的结果。从资本主义社会的产生来看，资本主义社会并不是随着现代科学技术的发展从封建社会中自然转换而来。仅仅凭借技术自身的力量并不能决定人

---

　　①　《马克思恩格斯全集》(第4卷)，人民出版社，1958年，第104页。
　　②　《马克思恩格斯选集》(第三卷)，人民出版社，2012年，第760页。

类社会形态的更替。科学技术确实是一种生产力中的重要要素,但并不是全部要素。高兹所代表的技术决定论把人类社会的历史发展看成了简单僵化的线性发展,否认了人类社会历史发展的多元性和多样性。

马克思主义告诉我们,阶级斗争是阶级社会发展的直接动力。资本主义社会存在着两大对立的阶级——资产阶级和工人阶级。高兹认为技术取代了阶级斗争成为决定社会变革的根本力量。高兹受制于技术决定论的观点,不能科学界定和分析科学技术发展与工人阶级形成和社会变革之间的关系,不能对工人阶级形成过程和工人阶级与资产阶级的斗争作出理性阐释和分析。技术决定论在实质上是把人类劳动过程中采用的技术作为形成阶级的根源,否定了马克思提出的在生产过程中的剥削关系。马克思认为,资产阶级通过资本主义生产资料私有制来剥削工人阶级。高兹关于工人阶级的概念并不是在马克思主义的意义上来界定,犯了形而上学的错误,脱离了马克思主义的阶级斗争理论和阶级观点。马克思主义的阶级分析方法为人们科学认识和把握阶级社会提供了科学指南。列宁指出:"马克思主义提供了一条指导性的线索,使我们能在这种看来扑朔迷离、一团混乱的状态中发现规律性。这条线索就是阶级斗争的理论。"[①]

高兹作为技术决定论者,没有科学理解马克思主义的阶级斗争理论,错误认为技术转换是社会转换的前提,犯了形而上学的错误。

三、未来设想具有乌托邦色彩

高兹指出,保护环境的最佳选择是社会主义,从而坚定了我们对社会主义的信心,但其关于未来社会的设想对于矫正传统社会主义的一些不足具

---

① 《列宁选集》(第二卷),人民出版社,2012年,第426页。

有一定的作用和借鉴意义。但总的来看,高兹构想的社会主义并没有经过实践的检验,并没有摆脱乌托邦色彩。

高兹提出,进行社会主义革命的主体不再是工人阶级,而是"非工人非阶级"。虽然我们确实看到现代资本主义中工人阶级的状况发生了很大变化,但不论从生产条件的改善,还是工人物质待遇的提高,工人阶级依然没有摆脱受剥削的命运。另外,随着生产力水平的不断提高,传统的工人阶级人数不断减少的现象出现了,高兹认为传统的工人阶级不再是革命主体和领导阶级了。高兹这一观点确实观察到了工人阶级状况的新变化和新情况,但是工人阶级依然没有改变受剥削的命运,并没有失去革命性。高兹受制于技术决定论的观点,不能科学界定和分析科学技术发展、工人阶级形成和社会变革之间的关系,不能对工人阶级形成过程、工人阶级与资产阶级的斗争作出理性阐释和分析。高兹作为技术决定论者,没有科学理解马克思主义的阶级斗争理论,不仅违背了马克思主义科学社会主义理论,而且其提出的"非工人非阶级"正如其名字一样,确实是超阶级的存在。现实中把"非工人非阶级"看成工人阶级是虚幻的想象,高兹这一观点缺乏应有的现实参照,经不起实践的考验。西方新社会运动特别是生态运动曲折发展的社会实践,也充分证明了高兹这一观点的乌托邦色彩。马克思主义告诉我们,阶级斗争是阶级社会发展的直接动力。高兹认为技术取代了阶级斗争成为决定社会变革的根本力量,其脱离了资本主义社会的主要矛盾来分析资本主义社会,是片面和错误的。在资本主义社会,离开了资产阶级和工人阶级的阶级斗争,就无法理解资本主义社会的发展。

在革命的路线选择上,高兹提出了非暴力路径。高兹这一观点并不否定马克思主义的暴力革命,但提出要要更加注重文化革命,通过改变人的心理和文化来改变社会。虽然高兹的出发点非常好,可以使革命的代价减少,但这与马克思主义的基本观点不太一致,同时也低估了未来社会变革的难度。马克思主义指出,社会革命的爆发不是任意的,必须具有一定的主客观条件。"革命是历史的火车头"①,社会革命是变革人类社会形态的决定性环节和重要手段,是"社会进步和政治进步的强大推动力"②。社会革命能够实现和维护工人阶级的整体利益，能够激发广大人民群众的聪明才智和革命意愿。"革命是被压迫者和被剥削者的盛大节日。人民群众在任何时候都不能像在革命时期这样以新社会制度的积极创造者的身份出现。"③马克思指出,工人革命将为人类社会的文明发展和社会全面进步开创条件。"只有在伟大的社会革命支配了资产阶级时代的成果,支配了世界市场和现代生产力,并且使这一切都服从于最先进的民族的共同监督的时候,人类的进步才会不再像可怕的异教神怪那样,只有用被杀害者的头颅做酒杯才能喝下甜美的酒浆。"④

马克思主义虽然强调了社会革命在社会更替中的巨大作用，但并不否认把改良作为阶级社会革命的一种手段。马克思主义理论并不否认改良的可能性,但坚决反对和抵制改良主义。因为在阶级矛盾不可调和的阶级社会中,改良主义试图用改良代替社会革命,这并不触及深层次的社会矛盾,所以在实质上不能清除造成社会发展的深层次矛盾,具有不彻底性,反而会造成革命的走偏和失败。

高兹生态政治思想为未来社会提出的"更少地生产,更好地生活"的生产方式和生活方式,在理论上设计得非常完美,但在现实中还需进一步的实践检验。更少的生产,反对资本主义的机械大工业的生产方式,主张小规模生产，这确实更能有效地保护生态环境，但这并不符合社会实际发展的需

---

① 《马克思恩格斯选集》(第一卷),人民出版社,2012年,第527页。
② 同上,第595页。
③ 《列宁选集》(第一卷),人民出版社,2012年,第616页。
④ 《马克思恩格斯选集》(第一卷),人民出版社,2012年,第862~863页。

要。用小规模的分散化的生产来取代机械化的大工业的生产,不符合人类社会发展的规律,只是自己的一厢情愿。总的来看,高兹关于未来社会主义的构想,虽然在解决生态和社会问题上有一定借鉴意义,但因缺乏切实可行的实际操作方案而带有乌托邦的空想色彩。

第四章　高兹生态政治思想的当代启示

　　高兹生态政治思想从人类生存所必须依赖的生态环境出发，在对现代资本主义制度及其生产方式和生活方式的批判中，深刻揭示了生态危机的资本主义制度根源。在此基础上，高兹提出了自己独特的关于未来生态政治社会的若干构想。高兹深刻指出，生态环境表面上是人与自然的关系问题，但实质上是由人与人的关系造成的，资本主义社会制度是造成生态问题的根本原因。资本主义经济理性过度膨胀超过了其本身经济合理性的限度而变为非理性，必然导致生态危机的产生。经济理性不惜以破坏生态环境为代价，恣意开发和挥霍人类自然资源，以最少的经济成本来实现最大限度的生产和最大限度的消费。现代资本主义的生产方式对人类自然环境造成了破坏，在经济理性的支配下，资本主义社会实施保护环境的政策选择是不可思议的。

　　在构建保护生态环境的制度选择上，高兹提出保护生态环境的最佳选择是先进的社会主义，只有先进的社会主义才能真正实现生态和谐，消除生态危机。高兹指出，社会主义能够实现生态和谐的根本原因在于社会主义实施生态理性,使经济理性臣服在生态理性的管制之下,从而克服经济理性的非理性使用和扩张。高兹强调:"生产力的经济逻辑与保护环境的生态原则截然不同。生态理性要求人们用一种最好的生态方式来满足人们的物质需要:尽可能生产具有最大使用价值、最少和最经久耐用的产品,而且要求耗费尽量少的劳动和资源来生产。"①先进的社会主义必须突破资本主义的生产方式,克服资本主义经济理性的局限性,发展社会主义生态理性,摒弃资本主义大量生产和大量消费的生产方式,建立一种新的社会主义生产方式。

高兹在对资本主义社会批判的同时,也对传统社会主义苏联模式进行了深刻反思。高兹特别指出,苏联模式把追求积累和经济增长作为目标,是一幅现实资本主义的"滑稽放大图"。苏联模式采用外在的高度集中的计划经济控制取代了市场经济的自发调节,这种计划漠视人的异议和需求,强迫人们服从官僚工业机器的命令。高兹认为,在苏联模式中产生的异化比市场制度下产生的异化更具总体性,"因为苏联的制度不允许政治行政决策去适应面临真实的经济条件和真实的需要"②。高兹指出,虽然苏联模式本身也进行了各种改革,但都没有摆脱经济理性无限膨胀的掣肘。苏联模式具备了前工业社会和工业资本主义社会的两个缺点,同时还不兼备两者的优点。苏联模式日益背离了社会主义的价值和目标。高兹认为,冷战结束之后苏联模式的传统社会主义已经走到了尽头,"苏联模式社会主义实施的计划经济,把全社会看作一个巨大的机器系统。人们在这个机器系统中,他们的全部生活都必须被这台机器进行理性地计划和组织。如有人对这些做法提出质疑和反对,那么可能被斥责为是个人主义或是小资产阶级的倾向"③。

高兹认为,传统社会主义的完美"计划"暴露了传统社会主义具备和现

---

① Andre Gorz, *Capitalism, Socialism, Ecology*, Verso Press, 1994, pp.32–33.
② Ibid., p.6.
③ Ibid., p.34.

代资本主义社会同样的缺点,但同时还丧失了这两种社会各自的优点。在传统社会主义中,我们仍然可以看出无论是个人行为还是社会生产,都要受到经济理性的支配和控制。因为苏联社会主义还是以盲目追求经济增长和物质财富的积累为主要目标。所以传统社会主义与资本主义社会一样是经济理性支配的社会。高兹认为,传统社会主义与资本主义一样受经济理性支配掣肘,所以传统社会主义并不能从根本上消除生态危机。要消除生态危机必须用生态理性来驾驭经济理性,使生态理性主导整个社会。高兹不仅提出了社会主义应是符合生态理性的社会,而且指出社会主义作为对资本主义积极否定的社会,坚持生产资料公有制,其生产的目的不再是为了追求最大限度的利润,而是在于满足人们的物质文化需要。高兹指出,苏联模式社会主义的解体,并不意味着社会主义的失败,真正的社会主义不会失败。

高兹生态政治思想从生态视角出发,对资本主义制度、资本主义所使用的科学技术、资本主义生产方式和生活方式等多个方面进行了深刻分析,对资本主义的政治、经济、文化和社会给予了深邃地批判,并在此基础上提出了关于未来建立先进社会主义的构想。

习近平总书记强调:"生态文明是人类社会进步的重大成果。人类经历了原始文明、农业文明、工业文明,生态文明是工业文明发展到一定阶段的产物,是实现人与自然和谐发展的新要求。"[1]建设生态文明社会是一个系统工程,是由社会各个方面构成的全面工程。恩格斯在《自然辩证法》一文中强调指出:"我们所接触到的整个自然界构成一个体系,即各种物体相联系的总体,而我们在这里所理解的物体,是指所有的物质存在。"[2]唯物辩证法深刻揭示了自然生态是一个巨大系统,包括人类在内的生态有机体中的各个

---

① 中共中央文献研究室编:《习近平关于社会主义生态文明建设论述摘编》,中央文献出版社,2017年,第6页。

② 《马克思恩格斯选集》(第四卷),人民出版社,1995年,第347页。

构成部分,既相互独立,又相互依存、相互作用并彼此影响。自然生态是相互依存和不断循环的各种自然要素组成的有机系统。习近平总书记强调:"山水林田湖是一个生命共同体,人的命脉在田,田的命脉在水,水的命脉在山,山的命脉在土,土的命脉在树。"①

　　高兹提出的一系列观点和设想,虽然其自身带有不可避免的理论局限和乌托邦色彩,但其对人类社会发展所面临的生态问题的深入思考和研究具有重要的理论意义和现实意义。特别是对于我国在新的历史时期全面贯彻党的十九大精神,深入学习习近平新时代中国特色社会主义思想,实现社会主义生态文明,全面建设社会主义现代化强国具有重要启示和借鉴。

第一节　发展生态经济

　　生态环境是人类生存和发展所依存的必不可少的条件。人类社会的发展特别是经济发展不能破坏生态环境。人和自然的关系并不是征服和被征服的关系,应是和谐共生的关系。高兹提出,保护生态环境的最佳选择是先进的社会主义,因为只有先进的社会主义才能用生态理性主导社会来限制经济理性的作用。高兹指出要保护生态环境必须从根本上改变人类社会的发展方式,用生态理性约束人类社会的生产方式和生活方式,大力发展生态经济。"在当代中国,坚持发展是硬道理的本质要求就是坚持科学发展。以科学发展为主题,以加快转变经济发展方式为主线,是关系我国发展全局的战略选择。要适应国内外经济形势新变化,加快形成新的经济发展方式,把推动发展的立足点转到提高质量和效益上来,着力增强创新驱动发展新动力,

---

　　① 中共中央文献研究室编:《习近平关于社会主义生态文明建设论述摘编》,中央文献出版社,2017年,第47页。

着力构建现代产业发展新体系,着力培育开放型经济发展新优势,使经济发展更多依靠内需特别是消费需求拉动,更多依靠现代服务业和战略性新兴产业带动,更多依靠科技进步、劳动者素质提高、管理创新驱动,更多依靠节约资源和循环经济推动,更多依靠城乡区域发展协调互动,不断增强长期发展后劲。"①我们国家从战略的高度提出了要实现经济发展方式的根本转变,"发展循环经济,促进生产、流通、消费过程的减量化、再利用、资源化"②。

马克思恩格斯深刻认识到资本主义的生产方式是人和自然关系日益对立的根源,必须通过变革资本主义制度来摒弃资本主义的生产方式。"这还需要对我们现有的生产方式,以及和这种生产方式连在一起的我们今天整个社会制度实行完全的变革。"③新社会的生产方式能够"合理地调节他们和自然之间的物质变换,把它置于他们的共同控制之下,而不让它作为盲目的力量来统治自己;靠消耗最小的力量,在最无愧于和最适合于他们的人类本性的条件下来进行这种物质变换"④。

随着我国经济建设突飞猛进的发展,我们的生态环境也面临着巨大的挑战和压力。在生态污染和破坏严重的地区,人们的基本生活已受到了威胁。从总体来看,我国的生态环境正处在一个临界点上,因此我们不能继续选择以破坏生态环境为代价来维持经济高速发展的粗放式发展方式,这种粗放式发展方式是经济理性支配下的发展,拼资源拼消耗不计生态环境代价最终破坏了环境,威胁到了人的生存,是不可持续的。党的十七大报告中首次提出:"建设生态文明,基本形成节约能源资源和保护生态环境的产业结构、增长方式、消费模式。循环经济形成较大规模,可再生能源比重显著上

---

① 本书编写组:《十八大报告学习辅导百问》,学习出版社、党建读物出版社,2012年,第18页。
② 同上,第35页。
③ 《马克思恩格斯文集》(第九卷),人民出版社,2009年,第561页。
④ 《马克思恩格斯文集》(第七卷),人民出版社,2009年,第928~929页。

升。主要污染物排放得到有效控制,生态环境质量明显改善。"①

因此,我们必须转变经济发展方式,由粗放式发展转变为集约式发展,用生态理性制约经济理性,大力发展生态经济,从而实现人和自然、人和人、人和社会的和谐统一。要实现经济发展与环境保护的统一,就必须大力发展生态经济。这是人类社会解决经济发展与生态环境的矛盾而提出的新路径和新理念。生态经济正在被人们所接受,生态经济要求把生态环境的代价考虑在成本范围之内来进行生产和消费。经济的增长必须符合生态保护的原则,生产和消费要以不破坏环境为前提。生态经济是一种系统思维,注重经济发展和生态环境等各方面相互协调和密切统一,是实现人与自然和谐共生的绿色和可持续发展之路。

第一,深入学习习近平新时代中国特色社会主义思想,必须大力发展生态经济。高兹指出,现代社会的生态问题主要是在经济理性支配下人们把自然当作肆意掠夺的对象,进行无节制地开发和索取造成的。通过我国七十多年来的建设和发展实践,可以看出,不以牺牲环境为代价的生态经济是经济的可持续发展模式。我们必须改变原来的经济发展方式,大力发展生态经济,实施可持续发展。因此,在新的历史时期我们必须全面贯彻落实党的十九大精神,深入学习习近平新时代中国特色社会主义思想,大力发展生态经济,实现社会又好又快的高质量发展。习近平总书记指出:"纵观世界发展史,保护生态环境就是保护生产力,改善生态环境就是发展生产力。"②

深入学习习近平新时代中国特色社会主义思想,坚决贯彻落实"绿水青山就是金山银山"的发展理念。"绿水青山"是人类社会赖以生存和发展的自然禀赋和环境的形象比喻。"金山银山"则是指人类社会的经济繁荣和发展。

---

① 胡锦涛:《高举中国特色社会主义伟大旗帜 为夺取全面建设小康社会新胜利而奋斗》,北京人民出版社,2007 年,第 20 页。

② 习近平:《在海南考察工作结束时的讲话》,《人民日报》,2013 年 4 月 11 日。

绿水青山和金山银山是辩证统一的关系，良好的生态环境就是经济发展不可替代的重要资源。绿水青山和金山银山统一的实践就是大力发展生态经济。只有大力发展生态经济，才能实现保护生态环境与经济发展的统一，协调好生态良好和经济富裕的统一。

发展生态经济是保护环境和社会经济全面高质量发展的必然要求。"以绿色转型为驱动，助力全球可持续发展。要建立绿色低碳循环经济体系，把生态优势转化为发展优势，使绿水青山产生巨大效益。"①在社会主义新时代，我们必须转变经济发展方式，发展资源节约型和环境友好型经济。习近平总书记强调指出："要加快划定并严守生态保护红线、环境质量底线、资源利用上线三条红线，对突破三条红线、仍然沿用粗放增长模式、吃祖宗饭砸子孙碗的事，绝对不能再干，绝对不允许再干。"②

大力发展生态经济，注重生态保护，全面提高人民的生活质量。高兹提出"越多越好"是经济理性支配下社会发展的基本信条。在这一信条的指引下，资本主义创造了巨大的社会物质财富，但并没有对环境进行有效保护，造成了对生态环境的毁坏，最终影响了人们的日常生活质量。大力发展生态经济，注重保护环境，不仅能使经济发展与生态文明建设达到有机统一，而且发展生态经济还能使人们在生态理性"刚好就好"的规范下，引导人们从追求奢华的消费到合理的消费、理性的消费和适度的消费，消除消费异化对人们的影响，从而不仅保护环境而且能使人们生活的内在质量获得提升。注重生态保护、驱动生态经济发展的生态理性，能够实现经济发展、环境保护和人民生活质量提高三者的有机统一。注重生态保护的生态经济以人的真正需求为本，坚持经济的绿色可持续发展，实现了生态效益、经济效益和社

---

① 《习近平出席〈生物多样性公约〉第十五次缔约方大会领导人峰会并发表主旨讲话》，共产党新闻网，2021年10月13日。
② 《习近平谈治国理政》（第三卷），外文出版社，2020年，第361页。

会效益的有机统一。

习近平总书记深刻强调："发展经济是为了民生,保护生态环境同样也是为了民生。"①我们发展经济不能片面追求一时而忽视生态保护与建设,一时的繁荣最终可能会造成长久的生态破坏。如空气和水源被污染、植被被毁坏,必然危及人们的健康和生命。习近平总书记深刻指出:"当前,重污染天气、黑臭水体、垃圾围城、农村环境已经成为民心之痛、民生之患,严重影响人民群众生产生活。"②如果以牺牲健康和生命为代价发展经济,虽然人们的收入会增加,但人们的生活并不会幸福。针对生态问题,习近平总书记强调指出:"如果仍是粗放发展,即使实现了国内生产总值翻一番的目标,那污染又会是一种什么样的情况?届时资源环境恐怕是完全承载不了……经济上去了,老百姓的幸福感大打折扣,甚至强烈的不满情绪上来了,那是什么形势?"③

注重生态保护,大力发展生态经济,全面提高人民的生活质量。习近平总书记深刻阐明:"我们既要绿水青山,也要金山银山。宁要绿水青山,不要金山银山,而且绿水青山就是金山银山。我们绝不能以牺牲生态环境为代价换取经济的一时发展。"④

发展生态经济,必须节约能源和大力发展可再生能源。高兹在其理论中明确提出了要节约能源和有效开发能源的策略,要把节约能源放在突出的地位加以重视。习近平总书记多次强调绿色发展,对经济发展要以生态环境的承载限度作为自身约束条件。"必须改变过多依赖增加物质资源消耗、过多依赖规模粗放扩张、过多依赖高能耗高排放产业的发展模式。"⑤

---

① 《习近平谈治国理政》(第三卷),外文出版社,2020 年,第 362 页。
② 同上,第 368 页。
③ 《习近平关于社会主义生态文明建设论述摘编》,中央文献出版社,2017 年,第 5 页。
④ 同上,第 20 页。
⑤ 《习近平谈治国理政》(第二卷),外文出版社,2017 年,第 395 页。

党的十八大报告中指出："坚持节约资源和保护环境的基本国策，坚持节约优先、保护优先、自然恢复为主的方针，着力推进绿色发展、循环发展、低碳发展，形成节约资源和保护环境的空间格局、产业结构、生产方式、生活方式，从源头上扭转生态环境恶化趋势，为人民创造良好生产生活环境，为全球生态安全作出贡献。"[①]高兹在指出要把节约能源放在突出位置的同时，还特别指出要注意替代传统能源的核电能源的危险性。

虽然高兹对资本主义的核电技术的批判过去了四十多年，世界核电技术也有了很大发展，但高兹针对核电技术批判提出的诸多问题仍然存在。在安全上，核事故的危害性容不得核电站发生任何问题，确保核电安全任重而道远。"由于受到当今科学技术水准的制约，本次会议（莫斯科核安全首脑会议）没能就如何安全利用核电问题提出有效的具体保障措施，只是在'共同研制和开发贮存与利用核材料贡献新技术'方面达成原则性协议。"[②]经济上，核电投入巨大，只有在油价高涨时才有经济效益，一旦发生核事故将面临巨额甚至天文数字的赔偿。技术上，我国在核燃料供应和关键技术的自主化方面需要进一步研究和大力发展。"无论我国的核电技术选择是三代还是二代改进，都必须实现关键技术自主化。关键技术不能自主，受制于人，核电的命运便捏在别人手里，自己没有话语权，很难全面满足经济、社会发展对核电提出的要求，也很难做到可持续发展。"[③]

在节约能源和大力发展可再生能源的基础上，安全高效发展核电也是我国能源日益短缺的现实国情需要，因此必须在研究上立足长远科学规划，积极参与未来核电系统的开发，加大投入、深入研究，以掌握2040年以后的

---

① 本书编写组：《十八大报告学习辅导百问》，学习出版社党、建读物出版社，2012年，第34~35页。
② 黎明：《核电站与核污染困扰当今世界》，《经济世界》，1996年第9期。
③ 国家原子能官方网站：《促进我国核电可持续发展需特别关注五个问题》，http://www.caea.gov.cn/n16/n1223/49486.html，2008-06-18/2011-8-28。

自主核电技术。积极参加国际热核聚变(真正的清洁能源)计划,加强国际合作,为21世纪远期核电替代与开发作好准备。

　　针对节约能源和保护生态环境,我们必须注重发展生态科学技术。习近平总书记强调:"依靠科技创新破解绿色发展难题,形成人与自然和谐发展新格局。"①以绿色转型为驱动,实现经济社会可持续发展。"要建立绿色低碳循环经济体系,把生态优势转化为发展优势,使绿水青山产生巨大效益。加强绿色国际合作,共享绿色发展成果。中国将持续推进产业结构和能源结构调整,大力发展可再生能源,在沙漠、戈壁、荒漠地区加快规划建设大型风电光伏基地项目。"②

　　习近平主席在2020年9月22日联合国一般性辩论大会上郑重宣布,中国将力争在2030年前碳达峰,在2060年实现碳中和,坚决采取有力举措,为世界发展做出中国贡献。习近平主席的这一重大宣布,受到了整个国际社会的普遍赞誉。随后,习近平主席针对碳达峰、碳中和作出系列决策和具体部署,力争在2030年前碳达峰,在2060年实现碳中和成为我们的国家意志。节约能源,大力发展循环经济和可再生能源,构建绿色低碳循环经济体系,减少二氧化碳的排放量,对积极兑现我国碳达峰、碳中和的国际承诺具有重大意义。

　　习近平总书记强调指出:"良好生态环境既是自然财富,也是经济财富,关系经济社会发展潜力和后劲。我们要加快形成绿色发展方式,促进经济发展和环境保护双赢,构建经济与环境协同共进的地球家园。新冠肺炎疫情给全球发展蒙上阴影。面对恢复经济和保护环境的双重任务,我们要加强团结、共克时艰,让发展成果、良好生态更多更公平惠及各国人民,构建世界各

----

① 中共中央文献研究室编:《习近平关于社会主义生态文明建设论述摘编》,中央文献出版社,2017年,第34页。
② 《习近平出席〈生物多样性公约〉第十五次缔约方大会领导人峰会并发表主旨讲话》,共产党新闻网,2021年10月13日。

国共同发展的地球家园。"①

中国特色社会主义进入新时代，我们必须全面深入学习习近平新时代中国特色社会主义思想，大力发展生态经济，注重生态保护，节约能源和大力发展可再生能源，全面提高人民的生活质量。

第二节　完善生态政治

高兹指出，建设一个生态社会必需有生态政治作保障，一个生态社会必然积极构建生态政治，这是发展生态经济的必然要求。高兹特别从生态视角对极权主义进行了深刻批判，提出极权主义的政治不利于环境保护。虽然高兹理论没有经过充分的社会实践，具有一定的虚幻色彩，但给我们国家在新的历史时期建设生态文明具有重要启示。

历史发展到今天，虽然人类在物质文明和精神文明方面取得了巨大成就，但是人类的生态文明建设却刚刚开始，面临着诸多困难和问题。人类对自然的剥夺和利用已经逼近生态环境容量的极限。如果生态环境问题持续恶化，将最终使人类走向自我毁灭。"人类必须与自然协同一致，运用知识建立一个更美好的环境。为了现在以及未来千秋万代，维护并改善人类的环境，业已成为人类必须遵循的崇高目标。"②高兹指出资本主义与经济理性内在一致，资本主义的政治加剧了生态环境恶化。发展生态经济，必须构建生态政治，提出建立先进的社会主义来保护生态环境。

自新中国成立以来，我国在中国共产党的领导下，在社会主义革命和建

---

① 《习近平出席〈生物多样性公约〉第十五次缔约方大会领导人峰会并发表主旨讲话》，共产党新闻网，2021 年 10 月 13 日。

② 夏伟生：《人类生态学初探》，甘肃人民出版社，1995 年，第 10 页。

设发展的不同历史时期都对生态环境保护和建设进行了有益的探索和实践,为我国生态文明建设做出了重大贡献。

在社会主义革命和建设时期,以毛泽东同志为主要代表的中国共产党人提出了许多保护生态环境的方针政策。重视发展水利事业,通过开展各项水利工程建设,兴修水利;为了防止土地沙漠化,注重植树造林,发出了"绿化祖国"和"实行大地园林化"的伟大号召;注重保护树木和草原,"空气、森林、地下宝藏等,都是建设社会主义的重要因素"[1]。注重水土流失问题,"开荒必须注意水土保持,绝不可以因为开荒造成下游地区的水灾"[2]。实行人口控制、提倡计划生育等以实现对大自然的保护,避免了新中国成立初期一些盲目开发造成大自然环境的破坏。1973 年 8 月,全国第一次环境保护会议胜利召开,会议制定了一系列环保工作的路线、方针和政策措施。我国环保事业进入了一个新的发展时期。

党的十一届三中全会以后,以邓小平同志为主要代表的中国共产党人,不断意识到自然环境日益影响着经济社会发展,进而提出各级政府要在经济发展的同时,注重自然环境保护工作。"要采取有力的步骤,使我们的发展能够持续、有后劲。"[3]在国家机构设立上,组建了国家环境保护局。主张加强环保立法工作,通过规范的法律手段来保护生态环境。先后颁布和实施了《中华人民共和国环境保护法》《中华人民共和国森林法》等多部环保法律法规,为我国生态文明发展打下了坚实的法治基础。

党的十三届四中全会以后,以江泽民同志为主要代表的中国共产党人,强调实施可持续发展战略,注重人口、资源和环境的协调发展。"任何地方的经济发展都要坚持以生态环境良好循环为基础,实现可持续发展。"[4]注重人

---

[1]　《毛泽东文集》(第七卷),人民出版社,1999 年,第 34 页。
[2]　《毛泽东文集》(第六卷),人民出版社,1999 年,第 466 页。
[3]　《邓小平文选》(第三卷),人民出版社,1993 年,第 32 页。
[4]　《江泽民文选》(第一卷),人民出版社,2006 年,第 532 页。

与自然和谐共处，把国家文明程度和环境质量关联起来，"环境质量是衡量一个国家文明程度的重要标志"[①]。全面推动退耕还林，颁布了一批生态法律法规。

党的十六大以后，以胡锦涛同志为主要代表的中国共产党人结合我国经济快速发展过程中不断出现的生态问题，"生态系统的整体功能下降，制约经济社会发展，影响人民群众健康，人口与资源环境的矛盾日益尖锐"[②]。在 2005 年第一次提出"生态文明"理念，不仅明确提出了"建设山川秀美的生态文明社会"，而且将其确定为建设全面小康社会的重要任务。积极构建生态社会，提出了建设资源节约型和环境友好型的"两型社会"。2007 年，中国共产党第十七次全国代表大会报告，提出了建设生态文明。"建设生态文明，基本形成节约能源资源和保护生态环境的产业结构、增长方式和消费模式。"[③]同时，对加强能源、资源节约、生态环境保护和增强可持续发展能力等作出了明确要求和具体部署。

2012 年，中国共产党第十八次全国代表大会胜利召开，进一步强调了生态文明建设，提出了加强生态文明制度建设。建设美丽中国，形成了旨在推动树立全面、协调和可持续的科学发展观。"加强生态文明制度建设。保护生态环境必须依靠制度。要把资源消耗、环境损害、生态效益纳入经济社会发展评价体系，建立体现生态文明要求的目标体系、考核办法、奖惩机制。建立国土空间开发保护制度，完善最严格的耕地保护制度、水资源管理制度、环境保护制度。深化资源性产品价格和税费改革，建立反映市场供求和资源稀缺程度、体现生态价值和代际补偿的资源有偿使用制度和生态补偿制度。积极开展节能量、碳排放权、排污权、水权交易试点。加强环境监管，健全生态

---

① 《江泽民文选》(第三卷)，人民出版社，2006 年，第 534 页。
② 《十六大以来重要文献选编(中)》，中央文献出版社，2006 年，第 820 页。
③ 胡锦涛：《高举中国特色社会主义伟大旗帜 为夺取全面建设小康社会新胜利而奋斗》，人民出版社，2007 年，第 20 页。

环境保护责任追究制度和环境损害赔偿制度。"①

　　党的十八大以来,中国特色社会主义进入新时代。以习近平同志为核心的党中央,针对生态文明建设的新实践,把生态文明建设提到了事关"中华民族伟大复兴和'两个一百年'奋斗目标的实现"的战略高度。2013 年 11 月,中国共产党第十八届中央委员会第三次全体会议通过的《中共中央关于全面深化改革若干重大问题的决定》强调指出,建设生态文明必须构建系统完整的生态文明制度体系。"紧紧围绕建设美丽中国深化生态文明体制改革,加快建立生态文明制度。"②2015 年 4 月,中共中央和国务院印发了《关于加快推进生态文明建设的意见》,系统阐述了推进生态文明建设,是对新时代生态文明建设的一次全面部署。2015 年 9 月,中共中央、国务院印发了《生态文明体制改革总体方案》,系统阐述了中国生态文明体制改革的总体规划布局和方案,增强了我国生态文明体制改革的整体性、系统性和协同性。2017年 10 月,党的十九大报告提出了一系列事关生态文明建设的新思想、目标要求和新部署,指出建设生态文明是中华民族永续发展的千年大计。中国共产党第十九届中央委员会第四次全体会议在党的十九大的基础上又进一步提出了坚持和完善生态文明制度体系。中国共产党第十九届中央委员会第五次全体会议提出了"十四五"时期生态文明建设的目标任务,赋予了新时代生态文明建设新使命和新活力。

　　习近平总书记强调:"大力推进生态文明制度体制改革。"③保护环境必须依靠制度,因此在新的历史时期,我们必须全面落实党的十九大报告中提出的关于生态文明建设的全面部署,在制度建设上下功夫。高兹提出,社会主义的政治目的就是要使经济发展的社会效益和生态效益相协调而非资本

---

①　中共中央文献研究室:《十八大以来重要文献选编(上)》,人民出版社,2014 年,第 32 页。
②　《中共中央关于全面深化改革若干重大问题的决定》,人民出版社,2013 年,第 63 页。
③　习近平:《决胜全面建成小康社会夺取新时代中国特色伟大胜利——在中国共产党第十九次全国代表大会上的报告》,人民出版社,2017 年,第 23 页。

获利的最大化,这是资本主义不能做到的。要通过制度的建立和完善来实现人与自然、人与人、人与社会关系的和谐。

总之,实施生态政治,必须建立和完善各种生态文明建设的相关制度。注重制度建设的系统性、整体性,通过生态文明制度体系来对生态环境问题进行监管、治理和预防。生态政治,不仅要求人们在经济生产中完全符合生态原则保护环境,而且要在日常生活中注重生态消费和环境保护。中国特色社会主义进入新时代,中国共产党在带领全国人民进行生态文明建设过程中,积极推动了生态文明建设的一系列具有开创性、根本性和长远性的政治构建和制度创新,为美丽中国的现代化建设和中华民族的伟大复兴打下了坚实的建设生态文明的制度基础。

第三节　培育生态文化

高兹认为,文化起着基础性的作用。高兹在批判资本主义的物质消费主义文化的基础上,主张发展和培育人与自然、人与人和谐统一的文化,主张对传统社会进行"文化革命",创立新的文化,从而构建新的社会。建设生态文明,必须大力培育生态文化。高兹这些思想对我们在新的历史时期进行生态文明建设具有重要启示。

生态文化是人们对待自然的观念、态度和价值观。习近平总书记非常注重生态文化建设。他强调:"生态文化是生态文明建设的灵魂。"①生态文化是构建生态文明的根本,构建生态文化是保护生态平衡,实现人与自然和谐统一的重要根基。

---

① 习近平:《全国生态环境保护大会上的讲话》,《人民日报》,2018 年 5 月 20 日。

一、在全社会树立绿色发展生态理念,培育人与自然和谐统一的生态文化

习近平总书记指出:"生态环境问题归根结底是发展方式和生活方式问题,要从根本上解决生态环境问题,必须贯彻创新、协调、绿色、开放、共享的发展理念。"①全社会必须改变传统工业发展观念,打破传统工业的思维方式,跳出"人类中心主义"的窠臼。现代社会中生态问题的出现,从观念上来看,主要是人们没有认识到人与自然是互为一体的共同体关系。人不能没有限度地向自然索取和肆意地破坏自然。习近平总书记指出:"各地各有关部门要加大宣传教育力度,提升群众的环保意识。"②

人类为了自私、狭隘利益的满足而肆意破坏自然,势必会遭到大自然的报复。我们的传统念总是习惯于相信人能够征服自然和改造自然,在此观念的影响下,最终导致对自然的肆意毁坏,破坏生态平衡。另外,还有很多人相信科技万能和人定胜天,特别是现代科技工具和手段的使用加速了自然资源衰竭的速度和大自然承载的限度,造成严重的生态破坏。"人类对大自然的伤害最终会伤及人类自身,这是无法抗拒的规律。"③我们必须在观念上摒弃错误的发展理念。

因此,在新的历史时期,我们必须转变观念,在全社会树立绿色发展生态理念,"让生态环保思想成为社会生活中的主流文化"④。培育人与自然、人与人和谐统一的生态文化,"生态文化的核心应该是一种行为准则、一种价

---

①　《习近平谈治国理政》(第三卷),外文出版社,2020 年,第 361 页。

②　习近平:《之江新语》,浙江人民出版社,2007 年,第 13 页。

③　习近平:《决胜全面建成小康社会夺取新时代中国特色社会主义伟大胜利——在中国共产党第十九次全国代表大会上的报告》,人民出版社,2017 年,第 50 页。

④　习近平:《在中国北京世界园艺博览会开幕式上的讲话》,《人民日报》,2019 年 4 月 28 日。

值理念"①,在全社会形成保护环境的社会氛围。

二、弘扬节约能源资源与合理消费的生态文化

"加强生态文明宣传教育,增强全民节约意识、环保意识、生态意识,形成合理消费的社会风尚,营造爱护生态环境的良好风气。"②现在,虽然我们的经济发展了,生活水平提高了,但绝不能铺张浪费。我们不仅要在经济发展中注重节约资源和能源,反对片面追求经济增长,而丧失生态责任,而且我们在日常生活中也要勤俭节约,拒绝奢侈浪费,提倡适度合理的理性消费。习近平总书记指出:"中华民族伟大复兴,必须结合新的时代条件传承和弘扬好中华优秀传统文化。"③在我国的优秀传统文化中,一直强调对待世间万物要适可而止和节制欲望,不要过多向大自然索取。自然资源并不是无限的,我们不能无视生态规律,对大自然无限制地开采和利用。

我们要在全社会形成勤俭节约的良好风气,以勤俭节约为荣,以铺张浪费为耻。这是人的素质和观念问题。在消费中,不能盲目地追求消费的数量,"在消费中由数量的标准转向质量的标准是未来社会必须解决的问题"④。要改变把人生的幸福和满足建立在奢侈消费之上的风气,要把幸福和满足建立在消费之外的创造型社会劳动之中。在日常生活中,坚决抵制一次性产品的使用;在生产上,要多生产经久耐用的产品;在城市建设中,要注重前期和长远规划,避免大拆大建,坚决杜绝在建筑寿命之内拆除建筑。

---

① 习近平:《之江新语》,浙江人民出版社,2014 年,第 48 页。
② 本书编写组:《十八大报告学习辅导百问》,学习出版社、党建读物出版社,2012 年,第 36 页。
③ 中共中央宣传部:《习近平总书记系列重要讲话读本》,人民出版社,2016 年,第 201 页。
④ William leiss, *The Limits to Satisfaction*, Mcgill–Queen's University Press, 1988, p.104.

三、大力发展生态文化事业和生态文化产业

文化事业和生态文化产业,是发展生态文化的重要组成部分。生态文化事业作为公共文化服务体系的一部分,以促进人与自然、人与社会的和谐统一为目的,注重为社会大众提供公益性生态文化服务与产品。"生态文化事业是提高国民生态意识,是满足群众生态文化需求的主要渠道。"①因此,发展生态文化,必须大力发展生态文化事业。生态文化事业注重把改善生态环境与提高大众文化精神生活连接起来,注重社会公益性,通过建设生态公园、生态文化馆、生态博物馆等社会生态公益设施,吸引社会大众广泛参与,积极参与生态互动和生态体验,从而使生态文化理念深入人心。习近平总书记强调:"着力开展森林城市建设,搞好城市内绿化……扩大城市之间的生态空间,着力建设国家公园。"②因此,应加强生态文化软硬件建设,因地制宜、充分发挥各地生态资源,构建各具地方特色的生态文化精品。

生态文化产业是"从事生态文化产品生产和提供生态文化服务的经营性行业"③。生态文化产业在生态资源的基础上,通过文化创意的再创造,生产出多元多姿的生态文化产品和服务,以弘扬生态文化、构建生态和谐为发展目标,向社会大众传播人与自然和和谐统一的生态价值观、生产观和健康的理性消费观。生态文化产业作为新兴行业,虽然有着潜力广泛的市场需求,但同时也需要国家政策的大力扶持和引导,从而促使生态文化产业为社会提供更多更好的生态文化创意和服务,实现生态文化产业又好又快发展。生态文化产业应结合社会生态需求,大力发展生态影视、生态旅游、生态食

---

① 江泽慧:《生态文明时代的主流文化——中国生态文化体系研究总论》,人民出版社,2013年,第267页。
② 习近平:《中央财经领导小组第十二次会议上的讲话》,《人民日报》,2016年1月27日。
③ 王冠文:《生态文化的多维审视及建构研究》,大连海事大学博士论文,2018年。

品等产业,将生态产业融入相关产业之中,激活相关产品的生态因子,赋予相关产品相应的生态价值,从而更好更深入地弘扬生态文化。

第四节　构建生态社会

高兹指出,要全面解决生态问题除了要发展生态经济,完善生态政治,培育生态文化,还必须构建一个生态社会,建设以人为尺度的生态城市,发展维系一生活的社区。高兹构建生态社会的思想,对我们新时代生态文明建设具有重要的借鉴意义。

生态环境关乎民生福祉,关系到民族未来的长远大计。党的十九大报告指出:"中国特色社会主义进入新时代,我国社会主要矛盾已转化为人民日益增长的美好生活需要和不平衡不充分发展之间的矛盾。人民美好生活需要日益广泛,不仅对物质文化提出了更高的要求,而且在民主、法治、公平、正义、安全、环境等方面的需求日益增长。"[1]随着我国主要矛盾的变化,人民对生态方面的要求也逐渐提高。美好生活不仅需要享有绿色的生态环境,同时需要高品质的生态产品。习近平总书记强调:"环境就是民生,青山就是美丽,蓝天也是幸福。发展经济是为了民生,保护生态环境同样也是为了民生。"[2]必须把生态文明建设融入经济建设、政治建设、文化建设、社会建设各方面和全过程,积极构建天蓝、地绿、水清的美好生态,努力开创社会主义生态文明新时代。

---

[1]　习近平:《胜全面建成小康社会夺取新时代中国特色社会主义伟大胜利——在中国共产党第十九次代表大会上的报告》,人民出版社,2017年,第11页。

[2]　习近平:《推动我国生态文明建设迈上新台阶》,《求是》,2019年第3期。

一、建设以人为尺度的生态城市

高兹指出,在由维系统一生活的社区构成的以人为尺度的城市里,人们才是真正舒适和自由自在的。在以人为尺度的生态城市里,最大限度地减少了汽车的使用,对人行道和自行车道的设计更加人性化。目前,我国城市建设、规划和管理越来越呈现出以汽车为中心的发展趋势,城市规划和设计以人人拥有汽车为前提,为了方便汽车通行而抑制其他的非机动出行方式。历史给了我们一个千载难逢的机会,"在别人发展汽车社会的同时另辟蹊径,以一种对自己人民也对这个美好星球上其他生物负责的态度去建设生态城市"[①],我们决不能重蹈美国的"汽车—高速公路—城市蔓延—石油"的城市建设模式的覆辙。"希望中国能借鉴工业化国家城市发展的前车之鉴,在汽车城和生态城、机械城和人性城之间做出明智的选择,后来居上。"[②]

第一,优先发展公共交通。在建设以人为尺度的生态城市的基础上,进一步限制私家车,大力发展并提供舒适的公共交通。随着世界大城市交通拥堵的日益加剧,优先发展公共交通已经成为当前解决城市拥堵的共识。随着我国汽车大众化,城市交通拥堵特别是在高峰时刻的拥堵越来越严重。许多城市都出台了大力发展公共交通的政策和措施,但严格限制私家车使用的城市很少。因此,有必要研究出台一系列措施,限制私家车更多地进入城市。目前,虽然我国很多城市提出了大力发展公交,但现在的公交,特别是在高峰时候是很不舒适的。另外,我国的公交建设提出了"无缝化"理念,提出了大力发展社区公交的举措。但距离真正实现"无缝化"公交还有一段距离,特

---

① ［美］理查德·瑞吉斯特:《生态城市——重建与自然平衡的城市(修订版)》,王如松、于占杰译,社会科学文献出版社,2010年,第19页。

② 同上,第20页。

别是在一些城市的新建小区,交通配套设施不完善,在这样的情况下又不限制私家车,导致很多人只能选择私家车出行。因此,不仅要大力发展绿色公交,"还要完善市与区县、各区县之间的协调机制,打通区与区之间的'断头路';市区联动、区区联动加快公交基础设施建设"①,而且要加大公交发车密度,提高公交车的舒适程度,从而使人们更愿意选择"绿色"公交出行。

第二,发展维系统一生活的社区。不能单独解决交通问题,应该把交通问题与城市问题和劳动的社会分工问题作为一个整体进行思考,改变那种把生活划分成许多维度的方式,不再使工作地、居住地、生活地和购物地等分离,从而从根本上摆脱对汽车的依赖。发展这种新型社区,使社区内居民的生活、工作、学习、医疗、交流、娱乐等基本需求都能在社区得到满足,形成一种由社区社会结构维系的统一生活。在社区内,"具有便于步行、非机动车通行及建立公共交通设施的形态和规模。并具有一定程度的紧缩性以便于人们之间的社会性互动"②。快速的运输、安全的交通、居民的步行和完善的社区建设其实是同一件事的各个方面。

二、大力发展和建设资源节约型和环境友好型社会

进入新时代,"人民群众对清新空气、干净饮水、安全食品、优美环境的要求越来越强烈"③。生态环境越来越引起人民的关注。"要坚持生态惠民、生态利民、生态为民。"④因此,必须大力发展和建设资源节约型和环境友好型

---

① 张载养:《大力推动公共交通科学发展》,《上海人大月刊》,2009 年第 11 期。
② 〔英〕迈客·詹克斯、伊丽莎白·伯顿、凯蒂·威廉姆斯编著:《紧缩城市———种可持续发展的城市形态》,周玉鹏、龙洋、楚先锋译,中国建筑工业出版社,2004 年,第 5 页。
③ 中共中央文献研究室编:《习近平关于社会主义生态文明建设论述摘编》,中央文献出版社,2017 年,第 28 页。
④ 《习近平谈治国理政》(第三卷),外文出版社,2020 年,第 362 页。

社区。"坚持节约资源和保护环境的基本国策,坚持节约优先、保护优先、自然恢复为主的方针,着力推进绿色发展、循环发展、低碳发展,形成节约资源和保护环境的空间格局、产业结构、生产方式、生活方式,从源头上扭转生态环境恶化趋势,为人民创造良好生产生活环境,为全球生态安全作出贡献。"①

坚持节约是第一资源,大力发展和建设资源节约型社会。首先,在全社会大力普及节能设施和用品,提高整个社会的资源利用率。通过政府政策和政府补贴等引导举措,推广节能设备和产品使用规模,提高高效节能设备和产品的普及率。大力发展和建设节能型建筑,合理规划和不断提高不同建筑的节能整体规范和系统标准。积极发展和推广使用各种新能源,提倡使用太阳能和大力发展氢能等新能源。其次,坚持节约和科学用水。坚持节约用水,把节约放在第一位。坚持科学用水,根据全社会生产、生活和生态综合用水总量,统筹安排、科学调度。通过设定阶梯用水定价和水量定额标准等,大力普及先进的节水技术和产品,提高全社会用水效率,综合配套涵养水源设施和政策,构建人与水和谐统一的社会。

坚持保护环境就是保护生产力,大力发展和建设环境友好型社会。首先,强化治理和防治空气污染。在社会的生产、生活、出行等方面,提倡使用清洁能源,逐步淘汰燃煤锅炉,在城市普及使用液化气和集中供热;大力发展电动和新能源汽车,取消和整治排放不达标的机动车。其次,加强治理和防治水污染,强化水污染的系统治理。强化污水处理全覆盖,注重技术更新迭代,提高污水处理质量和效率。科学推广中水再利用,进一步提高中水再生利用率。再次,注重垃圾处理无害化和资源化再利用。强化源头治理,逐步实行净菜进城和上市,避免包装奢华过度,从源头上实现垃圾减量;提倡使用耐用品,严格限制使用一次性用品;推行垃圾分类,加快建筑垃圾、废塑料

---

① 本书编写组:《十八大报告学习辅导百问》,学习出版社、党建读物出版社,2012年,第34~35页。

和废金属资源化再利用,做到医疗垃圾和危险品的处置无害化。最后,注重社区生态环境系统整治和社区绿化。因地制宜,改善人们的居住环境,提高生态环境质量,实现人和自然的和谐统一。

结 束 语

　　人类社会发展到今天,创造了以往历史都难以匹敌的物质财富。特别是近代以来,随着工业化进程在全球范围内的推进,人类社会在创造经济奇迹的同时,生态问题也日益成为世界瞩目的难题。雾霾的出现、水污染和垃圾围城等生态环境的恶化已严重影响人们的工作和生活。20世纪五六十年代,西方发达国家就普遍面临着生态环境问题。因为西方发达国家工业化发展得最早,当发展中国家不断奔向现代工业化之路时,生态环境问题随之逐步成为全球性问题。现在,到了我们必须认真反思现代工业文明的生产方式和生活方式的时候了,到了我们必须转换我们的思维方式、生产方式和生活方式的时候了。现代工业文明一方面给人类带来了物质的丰裕,另一方面也带来了生态环境问题。马克思主义告诉我们,现代工业文明的生产方式和生活方式,实质上就是资本主义的生产方式和生活方式。因此,对现代工业文明的生产方式和生活范式的批判也就是对资本主义的生产方式和生活范式的批判。

　　在生态危机面前,人类社会必须由工业文明转向生态文明。高兹生态政治思想正是从生态环境问题出发, 在对资本主义制度进行深邃批判和对传统苏联社会主义进行深刻反思的基础上,建构了自己的生态政治思想。

本书主要通过三个部分对高兹生态政治思想进行了总体梳理和把握。第一部分深入分析了高兹生态政治思想的理论渊源,阐明了高兹生态政治思想的形成、发展以及与存在主义马克思主义思想、马克思主义、法兰克福学派和西方绿党的思想渊源。第二部分全面把握和论述了高兹生态政治思想的主要内容,分别阐述了高兹对现代资本主义的生态政治批判、对传统社会主义的生态政治反思以及对未来社会的生态政治构想。高兹提出了由于资本主义是经济理性支配的社会,经济理性与资本主义内在一体,资本主义制度是造成生态危机的制度根源。资本主义所采用的劳动分工、技术、医疗和教育等都在经济理性的主导之下,这不仅带来了对自然的异化,也带来了对人的异化。而传统的社会主义与资本主义一样,也是经济理性支配全社会,所以传统的社会主义也不能从根本上消除生态危机。要消除生态危机必须用生态理性驾驭经济理性,用生态理性主导整个社会。第三部分分析了高兹在对现有的社会政治制度进行批判和反思的基础上,提出的关于未来社会的生态政治构想。高兹指出,传统的苏联社会主义并不是真正的社会主义,真正的社会主义并没有失败。高兹提出,保护环境的最佳选择是建立真正的社会主义。高兹提出了构建未来社会的运动策略和路径,由生态理性主导全社会,建设自由自决的社会,在"非工人非阶级"的领导下实现未来的先进社会主义。

高兹生态政治思想的提出,丰富了人们对未来社会的设想和想象,高兹主要是从存在主义的人本主义视角出发,结合马克思主义劳动异化和共产主义的理论,提出了自己关于未来社会主义的构想。高兹生态政治思想具有一定的乌托邦色彩,缺乏现实实践的检验。

本书的研究目的和创新之处,就是从总体上把握和阐明高兹生态政治思想的体系,深入把握高兹思想的实质,科学理解它的意义和局限。本书结合高兹生态政治思想的科学内涵提出了其对当代社会的意义和价值，提出了要把高兹生态政治思想精髓与中国的现实相结合，大力发展生态经济、完善生态政治、培育生态文化和构建生态社会。高兹生态政治思想对我们全面落实党的十九大精神，深入学习和贯彻习近平生态文明思想具有重要启示。

从国内外学术界来看，生态政治思想还处在发展之中，特别是 2020 年底突发的新冠肺炎疫情与生态关系问题，需要进一步的研究。在此背景之下，尝试对高兹生态政治思想进行系统把握，具有重要意义。高兹生态政治思想非常鲜明，人们可以从不同的视角和层面分析、考察和研究。在研究过程中，一方面由于高兹的生态政治思想博大精深，一方面由于本人理论水平有限，书中还存在很多不尽如人意的地方。当然，本书的结束并不意味着本人对高兹研究的结束，而是意味着新的开始，本人将在以后的学习和工作中对高兹生态政治思想作进一步的研究和思考，为新时代建设社会主义生态文明贡献自己的力量。

参考文献

一、中文类

（一）经典文献

1.《马克思恩格斯选集》（第1—4卷），人民出版社，1995年。

2.《自然辩证法》，人民出版社，1971年。

3.《习近平谈治国理政》（第一卷），外文出版社，2014年。

4.《习近平谈治国理政》（第二卷），外文出版社，2017年。

5.《习近平谈治国理政》（第三卷），外文出版社，2020年。

6.中共中央文献研究室编：《习近平关于社会主义生态文明建设论述摘编》，中央文献出版社，2017年。

7.中共中央宣传部：《习近平总书记系列重要讲话读本》，人民出版社，2016年。

（二）中文原著

1.[法]萨特:《存在与虚无》,陈宣良译,生活·读书·新知三联书店,1987年。

2.[法]萨特:《辩证理性批判》(上、下),林骧华、徐和瑾、陈伟丰译,安徽文艺出版社,1998年。

3.[美]布克金:《自由生态学:等级制的出现与消解》,郇庆治译,山东大学出版社,2012年。

4.[美]蕾切尔·卡逊:《寂静的春天》,吕瑞兰、李长生译,吉林人民出版社,1997年。

5.肖显静:《生态政治——面对环境问题的国家抉择》,山西科学技术出版社,2003年。

6.徐崇温:《西方马克思主义理论研究》,海南出版社,2000年。

7.[法]莫里斯·梅洛–庞蒂:《知觉现象学》,姜志辉译,商务印书馆,2001年。

8.倪梁康:《现象学及其效应》,生活·读书·新知三联书店,1994年。

9.[德]哈贝马斯:《交往行动理论》(上、下),洪佩郁、蔺青译,重庆出版社,1994年。

10.张一兵:《折断的理性翅膀——"西方马克思主义"哲学批判》,南京出版社,1990年。

11.[英]戴维·佩珀:《生态社会主义:从深生态学到社会正义》,刘颖译,2005年。

12.[加]本·阿格尔:《西方马克思主义概论》,慎之等译,人民大学出版社,1991年。

13.[美]马尔库塞:《工业社会与新左派》,任立译,商务印书馆,1982年。

14.[德]阿多尔诺:《否定的辩证法》,张峰译,重庆出版社,1993年。

15.[美]马丁·杰伊:《法兰克福学派史》,单世联译,广东人民出版社,1996年。

16.[匈]卢卡奇:《历史与阶级意识》,杜章智、任立、燕宏远译,商务印书馆,1992年。

17.[英]戴维·麦克莱伦:《马克思以后的马克思主义》,李智译,中国人民大学出版社,2004年。

18.[美]马尔库塞:《单向度的人》,张峰、吕世平译,重庆出版社,1988年。

19.[美]哈特、[意]奈格里:《帝国》,杨建国、范一亭译,江苏人民出版社,2008年。

20.[美]艾伦·伍德:《新社会主义》,尚庆飞译,江苏人民出版社,2002年。

21.[英]格雷:《伪黎明——全球资本主义的幻象》,张敦敏译,中国社会科学出版社,2002年。

22.段忠桥主编:《当代国外社会思潮(第二版)》,中国人民大学出版社,2004年。

23.[法]图海纳:《我们能否共同生存?》,狄玉明,李平讴译,商务印书馆,2003年。

24.付文忠:《新社会运动与国外马克思主义思潮:后马克思主义研究》,山东人民出版社,2009年。

25.[法]居依·德波:《景观社会》,王昭风译,南京大学出版社,2006年。

26.[美]大卫·施韦卡特:《超越资本主义》,宋萌荣译,社会科学文献出版社,2006年。

27.徐艳梅:《生态学马克思主义研究》,社会科学文献出版社,2007年。

28.张一兵:《文本的深度耕犁》(第1卷),中国人民大学出版社,2004年。

29.孙伯鍨:《卢卡奇和马克思》,南京大学出版社,1999年。

30.孙伯鍨:《探索者道路的探索》,安徽人民出版社,1985年。

31.张一兵、胡大平:《西方马克思主义哲学的历史逻辑》,南京大学出版社,2003年。

32.[德]埃德蒙德·胡塞尔:《生活世界现象学》,倪梁康译,上海译文出版社,2005年。

33.张一兵:《马克思历史辩证法的主体向度》,河南人民出版社,1995年。

34.刘怀玉:《走出历史哲学的乌托邦》,河南人民出版社,1995年。

35.唐正东:《斯密到马克思》,南京大学出版社,2002年。

36.胡大平:《后革命氛围与全球资本主义》,南京大学出版社,2002年。

37.郇庆治编:《重建生态文明的根基:生态社会主义研究》,北京大学出版社,2010年。

38.郇庆治:《自然环境价值的发现》,广西人民出版社,1994年。

39.李青宜:《当代法国新马克思主义》,当代中国出版社,1997年。

40.徐崇温:《"西方马克思主义"》,天津人民出版社,1982年。

41.李青宜:《"西方马克思主义"的当代资本主义理论》,重庆出版社,1990年。

42.徐崇温:《当代资本主义新变化》,重庆出版社,2004年。

43.[德]埃德蒙德·胡塞尔:《欧洲科学危机和超验现象学》,张庆熊译,上海译文出版社,2005年。

44.[美]罗伯特·戈尔曼编:《新马克思主义传记辞典》,赵培杰、李菱、邓玉庄等译,重庆出版社,1990年。

45.徐崇温:《"西方马克思主义"论丛》,重庆出版社,1989年。

46.陈学明、张志孚主编:《当代国外马克思主义研究名著提要》(中、下卷),重庆出版社,1997年。

47.曾建平:《自然之思:西方生态伦理思想探究》,中国社会科学出版社,2004年。

48.陆俊:《理想的界限》,社会科学文献出版社,1998年。

49.袁久红主编:《西方马克思主义的政治哲学》,东南大学出版社,2004年。

50.奚广庆等主编:《西方马克思主义辞典》,中国经济出版社,1992年。

51.欧阳谦:《人的主体性和人的解放》,山东文艺出版社,1986年。

52.韩秋红等:《断裂还是传承——西方马克思主义及其当代资本主义观》,中央编译出版社,2004年。

53.陈振明等:《"西方马克思主义"社会政治理论》,中国人民大学出版社,1996年。

54.曾枝盛:《20世纪末国外马克思主义纲要》,中国人民大学出版社,1998年。

(三)中文译著

1.欧力同:《哈贝马斯的"批判理论"》,重庆出版社,1997年。

2.王维等:《20世纪西方的马克思主义思潮》,首都师范大学出版社,1999年。

3.[加]本·阿格尔:《西方马克思主义概论》,慎之等译,中国人民大学出版社,1991年。

4.[英]培根:《新工具》,许宝骙译,商务印书馆,1984年。

5.任春晓:《环境哲学新论》,江西人民出版社,2003年。

6.[法]卢梭:《人类不平等的起源和基础》,——吴褚译,生活·读书·新知三联书店,1997年。

7.[美]丹尼斯·米都斯:《增长的极限》,李宝恒译,吉林人民出版社,1997年。

8.俞吾金、陈学明:《国外西方马克思主义哲学流派新编》,复旦大学出版社,2002年。

9.郇庆治:《绿色乌托邦——生态主义的社会哲学》,泰山出版社,1998年。

10.郇庆治主编:《环境政治学:理论与实践》,山东大学出版社,2007年。

11.刘仁胜:《生态马克思主义概论》,中央编译出版社,2007年。

12.[美]詹姆斯·奥康纳:《自然的理由——生态学马克思主义研究》,唐正东译,南京大学出版社,2003年。

13.[加]威廉·莱斯:《自然的控制》,岳长龄译,重庆出版社,1996年。

14.时青昊:《生态社会主义》,上海人民出版社,2009年。

15.郭剑仁:《生态地批判——福斯特的生态学马克思主义思想研究》,人民出版社,2008年。

16.曾文婷:《生态马克思主义研究》,重庆出版社,2008年。

17.张一兵:《回到马克思》,江苏人民出版社,1999年。

18.郇庆治:《欧洲绿党研究》,山东人民出版社,2000年。

19.[英]多布森:《绿色政治思想》,郇庆治译,山东大学出版社,2012年。

20.陈学明:《"西方马克思主义"命题词典》,东方出版社,2004年。

21.郇庆治:《环境政治国际比较》,山东大学出版社,2007年。

22.[德]穆勒–罗密尔、[德]波古特克主编:《欧洲执政绿党环境政治学译丛》,郇庆治译,山东大学出版社,2005年。

23.[德]哈贝马斯:《作为"意识形态"的技术与科学》,李黎、郭官义译,学林出版社,1999年。

24.王雨辰:《生态批判与绿色乌托邦——生态学马克思主义理论研究》,人民出版社,2009年。

25.上海社会科学院哲学研究所外国哲学研究室编:《法兰克福学派论著选辑》(上卷),商务印书馆,1998年。

26.黄楠森、庄福龄、林利编:《马克思主义哲学史》(第8卷),北京出版社,1990年。

27.孙伯鍨、侯惠勤主编:《马克思主义哲学的历史和现状》(上、下卷),南京大学出版社,2004年。

28.张亮:《"崩溃的逻辑"的历史建构》,中央编译出版社,2003年。

29.刘怀玉:《日常生活的平庸与神奇》,中央编译出版社,2006年。

30.解保军:《马克思自然观的生态哲学意蕴——红与绿结合的理论先声》,黑龙江人民出版社,2003年。

31.夏伟生:《人类生态学初探》,人民出版社,1995年。

32.[德]霍克海默、阿道尔诺:《启蒙辩证法》,上海人民出版社,2003年。

33.[美]阿尔文·托夫勒:《第三次浪潮》,朱志焱、潘琪、张焱译,新华出版社,1996年。

34.[美]福斯特:《马克思的生态学》,刘仁胜译,高等教育出版社,2006年。

(四)论文

1.陈学明:《人的满足最终在于生产活动而不在于消费活动——生态学马克思主义的一个重要命题》,《马克思主义与现实(双月刊)》,2002(6)。

2.吴宁:《高兹生态学马克思主义》,《马克思主义研究》,2006(8)。

3.刘凤玲:《人类面对生态危机的出路》,《当代资本主义研究》,2001(1)。

4.吴宁:《高兹生态学社会主义》,《南京政治学院学报》,2006(5)。

5.刘凤玲:《高兹生态社会主义理论探析》,《和谐发展论坛》,2008(3)。

6.冯颜利:《论高兹后工业社会的休闲观》,《哲学动态》,2005(9)。

7.吴宁:《高兹生态政治学》,《国外社会科学》,2007(2)。

8.吴宁:《高兹资本主义观》,《毛泽东邓小平理论研究》,2006(7)。

9.王雨辰:《略论西方马克思主义的生态伦理》,《武汉大学学报》,2003。

10.孟利生:《对生态社会主义的几点评介》,《马克思主义与现实》,1996(3)。

11.唐本钰:《论生态理性》,《济南大学学报》,2004(3)。

12.杨洋:《历史唯物视野下的生态问题》,《淮海工学院学报》,2007(9)。

13.王世涛、燕宏远:《"生态学马克思主义"论析》,《哲学动态》,2000(2)。

14.黄炎平、金雪芬:《多维视野中的"生态学的马克思主义"》,《贵州社会科学》,2006(4)。

15.王安正:《生态学马克思主义述评》,《社科纵横》,1997(2)。

16.苏百义:《安德烈·高兹资本主义批判理论的核心论题、价值旨归及现实启示》,《理论建设》,2019(6)。

17.邓强:《论马克思恩格斯人与自然关系及其当代价值》,《合肥联合大学学报》,2002(4)。

18.曾文婷:《生态学马克思主义与马克思主义》,《学术论坛》,2005(10)。

19.朱士群:《马尔库塞的新技术观与生态学马克思主义》,《自然辩证法研究》,1999(6)。

20.卜祥记、曾文婷:《重返人类中心主义——生态学马克思主义的一个基本命题》,《理论界》,2004(2)。

21.陈学明:《论生态社会主义者对当代资本主义的新反思》,《毛泽东邓小平理论研究》,2006(1)。

22.刘京:《评法兰克福学派的技术生态理论》,《丽水师范专科学校学报》,2000(1)。

23.毛禹权:《欧洲工会运动的现状、问题和前景》,《国外理论动态》,2005(5)。

24.刘京:《法兰克福学派的消费异化论和生态危机论》,《学术界(双月刊)》,2006。

25.向益红:《从"虚假需求"到"异化消费"》,《重庆工学院学报》,2006(6)。

26.曹淑芹:《生态社会主义出路——评阿格尔的资本主义社会变革战略》,《内蒙古社会科学(汉文版)》,1999年。

27.叶登耀:《高兹生态社会主义思想研究》,福建师范大学博士论文,2009年。

28.赵加岭:《高兹公正思想及其启示》,西南大学博士论文,2010年。

29.汤建龙:《高兹早期哲学思想的显性理论支源和思想渊源》,《江海学刊》,2009(6)。

30.汤建龙:《国家:不可彻底消除的必然性领域——安德瑞·高兹"后马克思"国家观探微》,《理论探讨》,2009(6)。

31.汤建龙、张之沧:《安德瑞·高兹"后马克思"技术观——资本主义技术和分工批判》,《科学技术与辩证法》,2009(1)。

32.蒋舟俊:《高兹生态学马克思主义的政治哲学》,《江汉大学学报(人文科学版)》,2004(6)。

33.曾文婷:《安德烈·高兹"非工人非阶级"思想评析》,《南京社会科学》,2009(4)。

34.周穗明:《生态重建与生态社会主义现代化——法国学者高兹论生态社会主义》,《新视野》,1996(6)。

35.解保军:《安德瑞·高兹"技术法西斯主义"理论评析》,《自然辩证法研究》,2004(7)。

36.姚燕:《苏东剧变以来法国马克思主义研究综述》,《北京行政学院学报》,2005(6)。

37.曾文婷:《"生态学马克思主义"与马克思主义的关系探析》,《中州学刊》,2006(1)。

38.汤建龙:《马克思的无产阶级理论真的具有黑格尔宿命论特征吗?——高兹〈别了工人阶级〉一书的批判性解读》,《理论探讨》,2008(4)。

39.曾文婷:《生态学马克思主义探微》,《福建论坛(人文社会科学版)》,2004(7)。

二、外文类

1.Andre Gorz, *Critique of Economic Reason*, Verso, 1989.

2.Andre Gorz, *Ecology as Politics*, South End Press, 1980.

3.Andre Gorz, *Capitalism, Socialism Ecology*, Verso, 1994.

4.Andre Gorz, *Critique of the Labor Division*, Verso, 1978.

5.Andre Gorz, *Farewall to Working Class*, South End Press, 1982.

6.Andre Gorz, *The Traitor*, Verso, 1989.

7.Bowring, Finn, Andre Gorz and the Sartrean, Legacy: Arguments for a Person—Centered Social Theory/Finn Bowring, St. Martin's Press, 2000.

8.Hoffman, J., *Beyond the State*, Polity Press, 1995.

9.Adrian Little, *The Political Thought of Andre Gorz*, Routledge, 1996.

10.Arthur Hirsh, Sartre to Gorz, *The Franch New Left—An Intellectual History Form*, South End Press, 1981.

11.Frankel, B., *The Post-Industrial Utopians*, Polity Press, 1987.

12.M.Poster, *Existential Marxism in Postwar France: Form Sartre to Althusser*, Princetion University Press, 1975.

13.Thomas W. Busch, *Andre Gorz on Sartre*, Philosophy Today, 1975.

14.Willie Thompson, *On Andre Gorz's 'Sartre and Marx'*, NLR, 1966, Nov/Dec.

15.Laura Marcus, *'An Invitation to Life': Andre Gorz's The Traitor* (book review), NLR, 1992, Jul/Aug.

16.Ben Brewster, *Presentation of Gorz on Sartre*, NLR I/37, 1966, May/Jun.

17.Finn Bowring, *Misreading Gorz*, NLR, 1996, May/June.

18.Finn Bowring, *Communitarianism and Morality: In Search of the Sub-*

ject, NLR, 1997, Mar/Apr.

19.Telos Staff: *On the German Non−Response to the Polish Crisis: An In−terview withAndre Gorz*, Telos, 1982.

20.Rudolf Bahro, *Rapallo? Why Not? Reply to Gorz*, Telos, 1982.

21.Dan Diner, *Olympics of Nationalism: Notes on the Gorz−Bahro Contro−versy*, Telos, 1982.